Marcus Freitas

Peixe Morto

ROMANCE POLICIAL

Marcus Freitas

Peixe Morto

ROMANCE POLICIAL

autêntica

Este livro foi selecionado pelo Programa Petrobras Cultural

Copyright © 2008 by Marcus Vinicius de Freitas

Projeto gráfico da capa
Diogo Droschi

Editoração eletrônica
Tales Leon de Marco

Revisão
Cecília Martins

Editora responsável
Rejane Dias

Todos os direitos reservados pela Autêntica Editora. Nenhuma parte desta publicação poderá ser reproduzida, seja por meios mecânicos, eletrônicos, seja via cópia xerográfica sem a autorização prévia da editora.

AUTÊNTICA EDITORA LTDA.
Rua Aimorés, 981, 8º andar . Funcionários
30140-071 . Belo Horizonte . MG
Tel: (55 31) 3222 68 19
Televendas: 0800 283 13 22
www.autenticaeditora.com.br

Dados Internacionais de Catalogação na Publicação (CIP)
(Câmara Brasileira do Livro, SP, Brasil)

Freitas, Marcus Vinicius de
 Peixe morto / Marcus Vinicius de Freitas. – Belo Horizonte : Autêntica Editora, 2008.

 ISBN 978-85-7526-369-3

 1. Ficção policial e de mistério (Literatura brasileira) 2. Romance brasileiro 3. Programa Petrobras Cultural I. Título.

08-11026   CDD- 869.93

Índices para catálogo sistemático:
1. Ficção policial e de mistério : Literatura brasileira 869.93

SUMÁRIO

Domingo, 29 de junho de 2008, 6:30 h. 7
Tefe, le 14 7bre, 1865 15
29 de junho de 2008, 9:00 h. 18
Lagoa Santa, sábado, 24 de dezembro de 1865 24
29 de junho de 2008, 9:30 h. 31
14 de abril de 2008, 21:30 h. 37
Lagoa Santa, domingo, 25 de dezembro de 1865 43
06 de maio de 2008, 12:00 h. 47
Manaus, 26 de dezembro de 1865 56
06 de maio de 2008, 13:30 h. 59
31 de dezembro, 1865 66
29 de junho de 2008, 11 h. 70
06 de maio de 2008, 16:00 h. 79
Lagoa Santa, janeiro... 84
08 de maio de 2008, 14 h. 86
29 de junho de 2008, meio-dia 99
29 de junho de 2008, 17:00 h. 108
Manaus, 12 de janeiro de 1865 120
26 de junho de 2008, 22:00 h. 123
Reunião 137
29 de junho de 2008, 19 h. 166
30 de junho de 2008, 7:00 h. 179
1º de julho de 2008, 9:00 h. 188
Rio de Janeiro, 23 de abril de 1866 197
05 de julho de 2008, 13 h. 199
Domingo, 06 de julho de 2008, 9:00 h. 203

Domingo,
29 de junho de 2008, 6:30 h.

Os peixes inundavam a boca. Meia dúzia de acarás foi enfiada pela boca do morto, com os rabos deixados para fora, presos por uma espécie de cambão de arame que varava as bochechas, num arremedo de anzol. O corpo boiava meio de lado, massa inerte entre a marola e a sujeira da lagoa, mordiscado por carazinhos. Não notei logo o inusitado da boca – o pescador foi quem me apontou o detalhe grotesco –, pois o estado terrível do corpo absorvia toda a atenção. A pele do tronco havia sido arrancada a partir de cortes regulares na base do pescoço e nas dobras das axilas. "Talho de taxidermista", pensei comigo, numa sensação misturada de assombro e encantamento.

Por um instante, enxerguei a imagem de George Sceva matando macacos e macucos no Ribeirão da Mata, desventrando tamanduás e lontras, preparando esqueletos e peles com as mãos sujas de sangue seco, o corpo fedendo a peixe, o ambiente impregnado pelo cheiro forte das barricas de álcool, a mesa de trabalho indefinida entre açougue e escrivaninha, com blocos de notas e esboços de anatomia misturados a estiletes e cutelos, entre escamas, penas, pêlos, restos de tripa e fezes.

Fazia ainda muito frio àquela hora na beira da Pampulha. Quando saí de casa, no alto do bairro São José, movido pela ressaca e pela insônia, e comecei a descer a Avenida das Palmeiras para a corrida matinal na Lagoa, o vento cortava até aos ossos. O domingo ia ser um daqueles dias azuis de inverno, quando Belo Horizonte faz jus ao nome que tem. Já na Lagoa, o sol despontava atrás da Serra da Piedade, batia em diagonal no prédio do Museu e repicava reflexos dourados sobre a água marulhada pelo vento. Era muito cedo, e quase ninguém estava na pista. Um jipe escuro passou solitário, cantando pneus, motorista embriagado pela noite de farra numa das mansões do bairro. Só as palmeiras imperiais presidiam o começo da manhã. Tomei a esquerda, como sempre faço. O frio me obrigava a apertar o passo, dando início à corrida, e logo cheguei à igreja. São Francisco parecia ter passado a noite a conversar com os peixes. O painel de Portinari me dava sempre impressão de pegar a conversa no fim, quando o santo já não tinha mais o que dizer e os peixes se recolhiam no silêncio azul dos azulejos portugueses. Às vezes, por fantasia, eu apertava mais o passo, ou saía de casa mais cedo do que o usual, dizendo para mim mesmo que, um dia, com um pouco de sorte, o orador empolgado estenderia o sermão e eu chegaria a tempo de ouvir suas últimas palavras. Mas chegava no painel e encontrava sempre aquele momento suspenso, como após os acordes finais de um concerto, quando o som ainda reverbera nos ouvidos e a platéia ainda não iniciou as palmas. Os braços do santo faziam o último gesto, maestro baixando a batuta, enquanto os peixes abanavam nadadeiras de porcelana no assentimento mudo dos ladrilhos.

Quem corre sempre pela mesma rota precisa estar atento aos detalhes, como forma de variar a paisagem. A corrida matinal, sempre idêntica, me era sagrada. Não pelo santo ao meio do caminho, certamente, mas por ela ser o único antídoto contra a lassidão da vida de professor de História, tão cheia de livros e horas de leitura, tardes de computador e dores nas costas, tudo bem assentado em poltronas macias que deseducam o corpo, além da constância do álcool e da ressaca, inimigos implacáveis da tal vida saudável que nos exige o senso comum domesticado pela propaganda. Bem, sexo é o melhor jeito de mexer o corpo, mas sexo é prazer, não exercício físico. Por isso, me aplicava nas corridas matinais, à custa de muito esforço e disciplina, com os quais eu mesmo às vezes me espantava.

Passando a igreja, o vento aumentou, e eu aumentei a passada. Meu roteiro acabava sempre no antigo ancoradouro gramado, na curva do clube Belo Horizonte, em frente à casa do Juscelino. O projeto original de Oscar Niemeyer incluía aqueles pequenos píeres ao redor do lago, usados e mantidos pelos primeiros moradores, quando ainda havia barcos, lanchas, esquiadores aquáticos e maiôs rendados em domingos ensolarados de subúrbio chique. Os atracadouros condensavam a história do lugar, marcas memoráveis de um tempo de luxo: festas ao ar livre na Casa do Baile, depois apanhar um barco e atravessar o lago em direção ao Cassino, para jantar ao som de cantores argentinos e orquestras cubanas, perder a noção das horas na volúpia da roleta ou do bacará, em meio a casais inebriados de música, de desejo e de poder. Mesmo com o fim da era do jogo, o bairro permaneceu ainda por décadas com o charme do seu idealizador. Enquanto JK ascendia a governador e a presidente, o bairro se encheu de casas elegantes, projetos modernos de paredes brancas e linhas sensuais, com palmeiras nos jardins, ipês amarelos e brancos nas calçadas de setembro, jacarandás cacheados de flores azuis sob os trovões de outubro. O próprio

Kubitschek, desbravador de fronteiras e inventor de modas, possuía aquela casa, parte do conjunto projetado para a orla, plantada ali na altura do 4.200. Na teoria, um marco civilizatório; na prática, uma *garçonnière* luxuosa e bucólica. Agora, entretanto, já não havia mais esquiadores, nem lanchas, nem festas, nem amantes. Anos de imundície e descaso quase haviam destruído a Lagoa. Os atracadouros viraram moradias de mendigos durante a noite, descanso e apoio para os pescadores durante o dia. Nos fins de semana, hordas inteiras ocupavam cada metro de barranco, em busca dos acarás cevados na água suja e carregados dos metais despejados nos riachos que alimentam a represa artificial. Até os mortos haviam mudado. Naquele tempo de sonhos, um corpo na Lagoa significava um banhista descuidado ou, no máximo, uma donzela seduzida e abandonada, que se jogara no vertedouro da barragem para aparecer no dia seguinte – Ofélia entre nenúfares – ao longo do riacho que margeia o aeroporto. Tão diferente do corpo mutilado que eu estava para encontrar naquela manhã azul e fria como azulejos ancestrais.

O píer do clube era um sobrevivente que mantinha uma graça, especial. Mais baixo do que a rua, seu piso era de grama e em seu contorno havia uma balaustrada de concreto, graciosa no desenho em meia lua – cabeça de torreão medieval que avança sobre o espelho do lago. Ali era o meu ponto de retorno, mas sempre ficava por lá um pouco mais, a admirar a luz do sol avançando sobre a água. Num ano de eleição como este, o velho embarcadouro tinha sido agraciado: grama nova, canteiros acertados, mendigos expulsos. Melhor para mim, que fazia ali o meu ponto de descanso antes do retorno ao dia de cada dia.

Quando cheguei próximo à amurada, disposto a me sentar nos degraus que descem e se afundam na água, atento ao sol que se levantava bem à frente, um pescador acabava de encostar numa das árvores a sua velha Caloi 10 – adaptada com guidom de Monareta – e já retirava da garupa uma sacola de supermercado com a marmita do almoço, além de uma pequena garrafa plástica com cachaça e uma latinha de minhocas. Pelo estado da bicicleta, com as marchas desreguladas, num barulho característico, fazendo a corrente raspar entre as coroas a cada pedalada, já se via que era um daqueles pobres-diabos que viviam da pesca miserável na Lagoa. A sacola de supermercado serviria mais tarde para levar os peixes. Enquanto me alongava, ele acendeu um cigarro e começou a preparar o anzol na ponta da linhada que vinha enrolada numa lata vazia de cerveja. Tomou no bico uma boa talagada da caninha e me ofereceu a garrafa:

– Tá frio, moço. Quer esquentar o peito?

Olhei para o seu rosto magro e ossudo. Uma expressão vazia perpassava seus olhos, como se a pescaria não fosse nem diversão, nem esforço para completar a bóia da família, mas um ato quase involuntário. Não bebo de manhã, não gosto de cachaça ruim e, menos ainda, de beber no bico, quanto mais vindo de boca desconhecida. Mas o frio convidava a um gole, e eu aceitei a oferta. Tomei o meu trago e devolvi a garrafa, emendando a conversa:

– O que você está fazendo aqui tão cedo, nesse frio? A hora dos pescadores não costuma ser mais tarde, depois que o sol já se levantou de todo?

– É, vim mais cedo. Sonhei que hoje ia ter peixe grande, cará pra mais de um palmo.

– O que é que dá aí?

Perguntei só para esticar a prosa, porque estava cansado de saber a resposta. Quando criança, vinha aqui com meu pai e sabia como eram antes e a que ficaram reduzidos os peixes da Lagoa.

– Já deu lambari, daqueles de rabo vermelho, traíra e até mandi, assim de manhãzinha ou no fim da tarde. Mas agora só dá cará-cascudo, só essas tilápias de espinho grosso nas costas.

– E você come esses peixes? Não sabe que a Lagoa está poluída, e os peixes, cheios de mercúrio?

– Pobre não tem disso não, moço. Isso é coisa de gente metida a besta.

Se ele tivesse dito que era coisa de rico, bancaria o coitado. Mas fugiu da autopiedade e me jogou de volta na cara a arrogância. Isca feita, virou as costas e deu os poucos passos necessários para chegar ao lago, no que foi seguido por mim, um pouco porque esse era o meu costume – assentar ali nas escadas para esperar o sol subir e só então tomar o caminho de volta –, mas também para tentar esconder a vergonha da prepotência desmascarada. Foi quando vimos, ambos no mesmo mudo espanto, o morto boiando entre garrafas de refrigerante, sendo empurrado pela marola de encontro à amurada e deslizando em direção aos degraus do embarcadouro, que se cobriam de manchas de sangue.

O corpo esfolado mostrava nos músculos expostos das costas e nos cortes precisos a maestria do profissional que fizera o trabalho, ao mesmo tempo em que desvelava a violência e a perversão da morte degradante. Teria sido esfolado vivo? O pescador e eu nos olhamos, mudos, já esquecido o mal-estar de segundos antes. Descendo dois ou três degraus dentro d'água, ele puxou o corpo, virando o abdômen do morto para cima. A cachaça voltou-me à boca, numa golfada de vômito, minhas pernas bambearam e caí assentado na mureta do píer. O corpo havia sido desventrado, da base do externo até a altura do ânus. Os órgãos internos foram arrancados, como se faz a um peixe fresco. Restos de intestinos arrebentados e de pulmões dilacerados boiavam agarrados à cavidade, guelras num filé mal limpo. Nessa barriga oca, acarás disputavam pedacinhos de vísceras. Num fervedouro mais à frente, acarás vorazes disputavam o que pareciam ser as vísceras arrancadas e jogadas ao largo.

Não fazia sentido, pois um taxidermista não toma o trabalho de desventrar um mamífero se almeja retirar somente a pele, a não ser que esteja interessado em transportar também o esqueleto, e não apenas a cobertura de pêlos. Nos casos de transporte para futura montagem, apenas os ossos das pernas são mantidos no lugar para efeito posterior de sustentação, o que exclui a necessidade de desventramento. Para levar somente a pele, como um troféu de caça, não faz sentido desventrar o corpo. Seria diferente com aves ou peixes. Sabia bem dessas variantes, depois de tudo o que lera e escrevera sobre George Sceva. Ali, entretanto, era claro que a pele fora levada, como um velo, e o resto descartado como dejeto, uma massa imunda e azulada sem qualquer serventia. Parecia-me óbvio que o assassinato se dera em outro ponto, sendo a Lagoa apenas o local de desova, escolhido ao acaso. Mas a voz do pescador chamou a minha atenção para a boca e o rosto do morto, o que mudou a minha opinião sobre o possível acaso do local de desova:

– Olha a boca. Tá cheia de carás, e dos grandes.

Os rabos para fora não escondiam que o arame, cambão ligando os acarás de guelra a guelra, atravessava a boca do morto, perfurava as suas bochechas e se amarrava pelo lado de fora, na frente da boca escancarada, evitando que os peixes escorregassem pela goela sem fundo e se dispersassem pelo ventre oco. O aterrorizante, entretanto, eram os olhos. Não somente pelo seu estado esbugalhado, que guardava talvez o terror dos últimos momentos, mas porque, através deles, revelou-se para mim a pior das verdades: eu conhecia muito bem o morto e tinha agora motivos para temer pelo que podia me acontecer.

Tefe, le 14 7bre, 1865

Sire,

En arrivant ici ce matin j'ai eu la surprise la plus agréable et la plus innatendue. Le premier poisson qui me fut apporté était l'*Acara* que Votre Majesté a bien voulu me permettre de lui dédier, e par un bonheur inouï c'était l'époque de la ponte et il avait la bouche pleine de petits vivants en voie de développment. Voilà donc le fait le plus incroyable, en embryologie, pleinement confirmé et il ne me reste plus qu'à étudier en détail et à loisir tous les changements que subissent ces petits jusqu'au moment où ils quittent leur singulier nid, afin que je puisse publier un récit complet de cette singuliére histoire.

Mes prévisions sur la distribuition de poissons se confirment; le fleuve est habité par plusieurs faunes ichthyologiques trés-distinctes qui n'ont pour lien commun qu'un très-petit nombre d'espèces qu'on rencontre partout. Il reste maintenant à préciser les limites de ces régions ichthyologiques et peut-être me laisserai-je entrainer à consacrer quelque temps à cette étude, si je trouve les moyens d'y parvenir.

Quant à la diversité même des poissons du bassin tout entier mes prévisions sont de beaucoup dépassées. Avant d'arriver à Manaos j'avais déjà recueilli plus de 300 espéces, c'est-à-dire le triple des espéces connues jusqu'à ce jour, au moins. La moitié *environ ont pu être peintes sur le vivant par M. Bourkhardt; si je puis parvenir à publier tous ce documents, le renseignements que je pourrai fournir sur ce sujet dépasseront de beaucoup tout ce que l'on a publié jusqu'à ce jour.*

Je serais bien heureux d'apprendre que Votre Majesté n'a pas rencontré de difficultés dans son voyage et qu'Elle a atteint pleinement le but qu'Elle se proposait. Nous sommes ici sans nouvelles du Sud, depuis que nous avons quitté Rio, et tout ce que nous avions appris alors était qu'après une traversée orageuse Votre Majesté avait atteint le Rio Grande. Que Dieu protegé et bénisse Votre Majesté!

Avec les sentiments du plus profond respect et de la reconnaissance la plus vive,

Je sui, de Votre Majesté
le très humble et très obéissant serviteur,

L. Agassiz

Tefé, 14 de setembro de 1865

Senhor,

Ao chegar aqui esta manhã, tive a mais agradável e inesperada surpresa. O primeiro peixe que me trouxeram foi o Acará, que Vossa Majestade houve por bem me permitir que lhe dedicasse, e por sorte inaudita era a época da postura e ele estava com a boca cheia de filhotes vivos, em vias de desenvolvimento. Eis aí, de todo confirmado, o fato mais incrível da embriologia, e só me resta estudar em detalhe e devagar todas as mudanças pelas quais passam esses filhotes até o momento em que deixam o seu ninho especial, para poder publicar um relato completo dessa história singular.

Minhas previsões sobre a distribuição dos peixes se confirmam: o rio é habitado por muitas faunas ictiológicas bem distintas, que possuem como elo comum um número muito pequeno de espécies que se encontram por toda parte. Resta agora demarcar os limites de tais regiões ictiológicas, e talvez eu me veja compelido a dedicar algum tempo a esse estudo, se encontrar os meios para tanto.

Quanto à diversidade mesma dos peixes da bacia, no seu todo, minhas previsões foram em muito ultrapassadas. Antes de chegar a Manaus, já recolhera mais de 300 espécies, ou seja, o triplo das espécies conhecidas até agora, no mínimo. Burkhardt pôde desenhar, do natural, por volta de metade; de maneira que, se conseguir publicar todos esses documentos, as informações que trarei à luz sobre o assunto ultrapassarão de muito tudo o que já se publicou até hoje.

Ficarei muito feliz em saber que Vossa Majestade não encontrou dificuldades em sua viagem e que alcançou plenamente o fim proposto. Desde que deixamos o Rio, estamos aqui sem notícias do Sul, e tudo o que soubemos até então foi que, após uma travessia tumultuada, Vossa Majestade chegou ao Rio Grande. Que Deus proteja e abençoe Vossa Majestade!

Com os sentimentos do mais profundo respeito e do mais vivo reconhecimento,

    Sou de Vossa Majestade
    o mais humilde e obediente servidor,

        Louis Agassiz

29 de junho de 2008, 9:00 h.

Acordei desnorteado, com a cabeça doendo mais do que nunca. Dormira sobre um monte de livros e papéis, na mesa da sala, diante do computador, lendo e relendo as cartas de Agassiz endereçadas a Pedro II, em busca de encontrar algum sentido para o assassinato. Olhei o relógio, os ponteiros marcavam nove horas. Devia ter dormido por quase uma hora. O estresse às vezes me dá sono, como num desejo de apagar o mundo, desligar o disjuntor da realidade e só acordar quando a loucura já tiver passado. Ao abrir os olhos, entretanto, a dor de cabeça, a ressaca e a noite maldormida fizeram a realidade bater de novo na minha cara com uma violência quase física. A imagem do morto ficou boiando na minha retina, como na brincadeira dos vagalumes. Eu era criança, olhava fixamente a luz do sol na janela, com os olhos bem abertos, e depois os fechava rapidamente, retendo e seguindo as imagens coloridas que flutuavam na minha cabeça, até que elas desaparecessem, vagalumes em noite escura. Mas, agora, a realidade era o morto. E a sua imagem supurada de agonia deixava à mostra o fato óbvio de que o assassino sabia quem eu era e queria me incriminar. Além do mais, diante das circunstâncias, era quase certo que eu o conhecesse.

Desde a publicação do livro, e com toda a repercussão que ele teve, meu trabalho ficara associado à Expedição Thayer, ao levantamento completo das suas estações de coleta de espécimes – tanto de peixes quanto de mamíferos – e à luta de Agassiz para arregimentar no Brasil, em favor do criacionismo, argumentos da zoologia comparada que solapassem a biologia evolutiva de Alfred Wallace e Charles Darwin. Os acarás mortos enfiados pela boca do defunto e a taxidermia ultrajante levavam diretamente ao meu trabalho e aos documentos, aos dados e fatos que trouxera do Museu em Massachussetts: as listas de George Sceva, o encontro com Lund, o diário de William James, o andirá, as aquarelas, as rixas de Louis Agassiz, as cartas, a confissão de Barbour, tudo se enovelava na carne exposta daquele corpo, naquela boca rasgada por um cambão de arame e por espinhas dorsais de meia dúzia de acarás.

Quando o pescador, virando o corpo que boiava, chamou minha atenção para o rosto dilacerado – e eu reconheci de chofre os olhos esbugalhados do marido de Elisa –, não fiz mais do que recuar e dar um jeito de sair dali sem despertar muita suspeita. Meu desejo era disparar pelo caminho de volta, mas um sentido de proteção falou mais alto.

– Olha, estou indo, viu? Deixa esse defunto aí. Quero lá saber de morto, não. Polícia é sempre a mesma coisa, a gente vai querer ajudar e acaba se enrolando.

– Mas a gente tem de chamar a polícia. Esse morto não pode ficar aí boiando e atrapalhando a pescaria da gente.

— Bem — falei, amistoso e cínico, passando por cima da grosseria que tinha feito minutos antes —, isso é com você, mas se eu estivesse no seu lugar também daria no pé. Daqui a pouco a Lagoa enche de gente e alguém acaba encontrando esse peixe morto. Isso aí é fria.

— Pensando bem, acho que é mesmo. Tô fora!

Virei as costas e comecei a caminhar devagar, como quem não quer nada, em direção à igreja. Pura farsa. Meu coração estava aos pulos. Vinte metros à frente, no final da curva, vi de rabo de olho que o pescador juntara o seu trem de pesca e partia atabalhoado na Caloi 10, em direção ao zoológico. O barulho das marchas desreguladas foi se afastando rapidamente, e o meu passo foi se acelerando na direção oposta, até chegar a ponto de correr. Diante de São Francisco, eu já punha a alma pela boca. Passei por um casal de velhos que vinha em passo lento e cheguei a temer que notassem algo de estranho na minha pressa. Bobagem. Afinal, correr representava ali o melhor dos disfarces, o que me fazia passar totalmente despercebido. Não sei por que eu pensava em disfarce. Não havia matado ninguém, mas só o fato de ser associado ao corpo do morto já me dava calafrios — pois, com certeza, eu seria associado ao modo como ele morrera. De qualquer maneira, sentia-me vigiado pelo assassino, o que tornava aquela mistura de sensações ainda pior. Subi a avenida das Palmeiras aos trancos e barrancos, chegando em casa a ponto de ter um ataque.

Se a polícia me encontrasse na Lagoa, estaria totalmente enrascado. A qualquer hora daquele domingo, depois de recolhido e identificado o corpo, Elisa seria chamada a depor, instada a falar dos acontecimentos de sábado, e os policiais logo iriam listar as inúmeras relações do morto, a começar pelas pessoas que estiveram na festa naquela noite. Mas e se algo tivesse acontecido também a Elisa? Mais dia, menos dia, mais hora, menos hora, bateriam à minha porta. O melhor fora mesmo fugir do píer de grama. Ninguém corria àquela hora na Lagoa, e ninguém mais, além do pescador, havia me visto junto ao corpo. Que bom que ele também fugiu. Eu era apenas mais um atleta de fim de semana, mas sabe-se lá o que uma boa descrição poderia provocar no futuro, quando os homens me alcançassem por outros caminhos. Quanto ao casal de velhos, não contava. Para eles, eu representava apenas um animado corredor na manhã azul e fria de domingo. A hipótese de que o pescador se deixasse encontrar era muito pequena. O instinto antipolicial, especialmente agudo em um pobre, faria com que ele sumisse daquela manhã. E mesmo que fosse apanhado na rede de testemunhas, a chance de que ele, por sentido de autoproteção, não rendesse conversa e não falasse de mim ou – melhor ainda – a chance de que os policiais não dessem bola para o que ele viesse a falar era enorme. Afinal, o morto era rico, conhecido nas melhores rodas, e o pescador era apenas o pé-rapado que encontrara o corpo e que não teria muito a dizer. Não era muito claro, pelo estado do cadáver, se a estripa havia sido feita ali mesmo ou se a Lagoa constituía apenas o local de desova e não o do crime propriamente dito. Em qualquer caso, o rabecão viria logo recolher o corpo, e a investigação correria em busca de peixes grandes. Minhas chances eram boas, bastava ter calma e não perder o fio do raciocínio. Mas e Elisa? Que teria acontecido a Elisa? Ligar para ela agora seria loucura.

Ninguém me viu entrando em casa. Meu apartamento fica no terceiro andar de um edifício modesto, na ponta do bairro, entre a Avenida das Palmeiras e a Avenida Abrahão Caram. Dali vejo o Mineirão e um pedacinho de mata na Universidade Federal de Minas Gerais. Enclave de classe média ladeando as mansões do São Luís, meu prédio e alguns outros como ele, ao longo da estreita faixa do São José, constituem reduto de professores e funcionários da UFMG, atraídos pela proximidade com o campus e pelos preços razoáveis. Mesmo alguns estudantes de pós-graduação acabam se arrumando por ali, caso dos três rapazes que dividem o apartamento sob o meu, os quais, àquela hora em que cheguei em casa, lá pelas sete, estariam fazendo meia-noite. Como sempre, eles largaram o portão do prédio aberto. O resto do prédio estava vazio. Estávamos em fins de junho, com a maioria das pessoas já de férias, e quem não estivesse em um congresso por aí, como o casal do 101, estaria aproveitando para visitar família e amigos antes do segundo semestre. Ninguém me viu entrar esbaforido. E, ainda que visse, que diabos!, eu vinha da corrida matinal.

    Fui direto para os papéis de pesquisa, em busca das cartas de Agassiz e de uma meia dúzia de cópias que possuía das aquarelas de Burkhardt. Alguma coisa me dizia que estava lá o que eu procurava. Trouxe também os compêndios sobre peixes brasileiros, especialmente os de Eurico Santos, de que tanto gosto. Conectei o computador na rede, em busca do acará. Com aquela parafernália montada, esperava dar conta do que estava acontecendo, mas acabei adormecendo de cansaço. Só me lembro de, por um momento, estar mais fixado na tradução de uma das cartas de Agassiz do que em seu conteúdo. David James já havia traduzido muito bem e publicado aquelas cartas no Anuário do Museu Imperial, ainda nos idos de

1950, assim como João Etienne Filho vertera em claro português as que integram o texto de Louis e Elisabeth Agassiz, *Viagem ao Brasil, 1865-66*, mas eu fizera questão de traduzi-las novamente durante o meu trabalho – como traduzira todos os outros documentos –, até para ter certeza do que lia. Naquele devaneio narcisista e competitivo em relação aos tradutores, adormecera sobre a mesa. Ao acordar com a imagem do morto flutuando na cabeça dolorida, vi o ridículo daquela situação: um assassino querendo me incriminar e eu academicamente em busca de uma solução livresca. Mas e Elisa? Estaria morta também, jogada em algum canto da Lagoa? Melhor era tomar um banho e ver se as idéias clareavam.

Lagoa Santa,
sábado, 24 de dezembro de 1865

Querida Hannah,

Agora são 6:30 da tarde. Sinto sua falta, hoje mais do que nunca. A neve deve estar caindo sobre as árvores, enquanto você termina o chá com Mrs. Bradbury e o velho Tom, depois de jantarem codornas em molho syrup – Dawson soube cortar as codornas como ensinei? – e ainda batatas assadas e creme de ervilhas, fechando com o seu insuperável pudim de pêras na sobremesa! Daria tudo pelo pudim de pêras e um cálice de brandy. Hoje fez um calor terrível, depois de alguns dias de chuva. Você com certeza irá ao culto daqui a pouco. Espero que haja música! Você sabe quanto amo o Christmas Carol. Escrevo-lhe para ver se não me aborreço além da conta, enquanto passa o tempo e rezo para que a noite refresque. Há um resto de luz no céu, e o calor do dia ainda não amainou, o que é uma surpresa para este Ribeirão da Mata, lugar sempre fresco depois que o sol se põe, onde cheguei a passar um frio inesperado para regiões tropicais. Com o ar quente e úmido, o sangue respingado e coagulado sobre a banca de trabalho adquire um cheiro enjoativo, mesmo para mim, cujas mãos permanecem de tal forma impregnadas com esse odor que acabo por não mais senti-lo, e cada vez mais o aceito como parte natural da paisagem e de mim mesmo, uma mistura adocicada de sangue, pêlo e tripas, misturados a álcool e éter. O difícil é agüentar, nessa situação, a sanha dos variados mosquitos que vêm beber das pequenas poças sobre a mesa. O amor ao trabalho acaba imediatamente quando a fauna imensurável de mosquitos descobre o nosso sangue fresco, bem melhor do que as fitas rubras que escorrem do trabalho do dia. Somente o álcool e o éter me salvam da sangria que os mosquitos fazem na pele. Um pouco de álcool retirado das barricas de conservação e esfregado na pele ajuda a espantar a dor das picadas. Os nativos usam como ungüento uma certa infusão, feita em aguardente-de-cana, de uma planta da família das compostas que eles chamam de arnica-do-campo, por emulação da velha *Arnica montana*, trazida pelos europeus que primeiro aqui chegaram. Acho-a muito ardida, tenho náuseas. Prefiro apenas passar álcool sobre as feridas e anestesiar olfato e mente com um algodão embebido em éter, aplicado sobre as narinas.

A mesa tem estado suja, um repasto para os mosquitos. Desde ontem pela manhã, estou sem meus auxiliares, que foram para Lagoa Santa celebrar o Natal. Ainda há tanto trabalho a fazer! Professor Agassiz encomendou-me uma enorme lista de mamíferos, aves e todas as espécies de peixes que pudesse coletar, mas nem sempre os caçadores e pescadores trazem a caça e a pesca em boas condições, seja para a taxidermia de laboratório, seja para posterior empalhamento e exibição no Museu, além dos espécimes que se destinam a esqueletos para estudo. Acaba sendo eu mesmo quem deve sair à caça e à pesca, se quiser obter espécimes em condições ideais, o que toma grande parte do meu tempo. Aos ajudantes deixo o trabalho bruto de transporte e de limpeza. Somente eu faço os cortes, a esfola, o evisceramento e o preparo de conservação. Não admito que outrem o faça, sob pena de que o trabalho saia errado. Hoje, sem que eles cá estivessem mais para atrapalhar do que para ajudar, pude caçar e preparar duas lontras e uma capivara, e por isso a mesa ficou nesse estado.

   Da última vez que esteve aqui, Doutor Lund ficou admirado com meus cortes e minha técnica de preparação. Aquele velho ranzinza e descarado tem sido até um consolo nessa solidão. Desde que Saint-John, Allen e Ward tomaram o rumo do sertão, há mais de três meses, vivo para a lista de animais e quase não tenho com quem conversar, a não ser o dinamarquês solitário. Seu inglês apenas razoável, enferrujado pela falta de uso, tropeça a cada frase. Como não falo ou entendo nada de dinamarquês – e o meu português assim como meu alemão se restringem ao mínimo –, acabamos por nos comunicar em francês, território igualmente conhecido por ambos. Foi sempre assim, nas poucas vezes em que ele aqui veio ou quando tive de ir à Lagoa Santa para adquirir sal, álcool ou qualquer outra provisão, ou mesmo na única vez em que ele admitiu ir comigo até a Gruta da Lapinha para mostrar-me os principais sítios de onde retirou os fósseis que remeteu a Copenhague. Só não suporto os seus olhares lânguidos de velho corrupto, ou quando ele vem com a história do criacionismo e desata a falar do inglês Charles Darwin, desafeto do professor Agassiz. Fica confuso, não sabe se elogia ou critica o evolucionista, se comunga ou não com suas idéias. Da última vez, apareceu teatralmente montado numa mula manca, trazendo um grande bugio, que vinha carregado por dois ajudantes caboclos. Jogou o animal na minha mesa de trabalho, dizendo:

— Tem aí um seu ancestral, senhor Sceva.

Quando ele faz esse tipo de comentário irônico, é melhor não provocar, pois está só esperando o gancho para construir mais um de seus discursos empolados. Tolamente, caí na armadilha:

— Obrigado doutor, vou agora mesmo esfolá-lo. Quanto a ser meu ancestral, isso é com o senhor, com o professor e com o inglês. Eu apenas preparo animais, sem julgar quem os criou, de onde eles vêm e qual a sua ascendência ou descendência. Um homem ou um bugio, a diferença se reduz a ter mais ou menos pêlo, a possuir uma pele mais ou menos suscetível ao estilete. Não sou teórico e menos ainda um cientista, como o senhor tem sido e talvez imagine que eu seja. Sou apenas um açougueiro e um peixeiro que sabe poupar e guardar as peles, os pêlos e as escamas, para que outros possam criar e estender suas teorias.

Ele não perdeu a deixa. Suas mãos muito brancas e trêmulas ficaram suspensas no ar enquanto ele falava:

— Olhe, meu caro George — se me permite que assim o trate, sendo você bem mais moço do que eu —, reconhece o perigo das idéias do inglês? Você já fala como um evolucionista, mesmo que o doutor Agassiz tenha lhe ensinado o contrário. O seu talento de preparador não pode levá-lo a reduzir o homem ao macaco e a não perceber a intenção sagrada do ato do Criador, ao dar inteligência ao homem e revelá-lo como a obra suprema da Criação. Quando cheguei aqui pela primeira vez, há mais de trinta anos, tinha a arraigada convicção — e ainda a tenho — de que só Deus poderia explicar a origem da vida. Os fósseis que desenterrei durante anos ao longo dessas cavernas deram-me a oportunidade de pensar de maneira diferente, e mesmo o outro inglês, Wallace, antes de ir para a Amazônia, discutiu muito comigo as suas hipóteses, através de cartas e mais cartas. Enviei para a Sociedade dos Antiquários do Norte os meus fósseis e algumas hipóteses infelizes, mas vi que se continuasse naquela trilha seria um dos responsáveis pela descrença generalizada no papel do Criador, como agora reconheço em suas palavras. Repito, tive sempre muito medo de que a divulgação de algumas das minhas conclusões pudesse dar vazão a idéias como as de Wallace e Darwin, de onde mentes corruptas retirariam a conclusão terrível da dispensabilidade de Deus. E, sem Deus, meu caro senhor George Sceva, só nos resta o desespero. Por isso, homens como o seu professor permanecem tão importantes, porque ele crê ainda, firme e sinceramente, nos desígnios de Deus revelados pelas catástrofes programadas desde o dia da Criação. Eu já não posso crer, e não admitiria que minhas palavras fossem usadas por gente como o inglês. Por esse motivo, não quis receber aqui o doutor Agassiz. Não podendo apoiá-lo, como ele quereria – pois minha consciência diante da verdade científica não o permitiria –, não posso também desmenti-lo, sob pena de trabalhar involuntariamente para aqueles que querem virar o mundo às avessas. Se a aceitação da tese das origens, proposta por Darwin na esteira de Wallace e Lyell, é uma questão de tempo, prefiro não contribuir para que esse tempo chegue logo. Sendo assim, retirei-me do mundo da ciência. Vivo aqui com meus pensamentos, alheado como um monge medieval.

Ele falava em "intenção sagrada" e vida de monge, mas seus olhos miúdos se reviravam nas órbitas, e por várias vezes seu olhar se fixava no meio das minhas pernas, como a querer que meu corpo saltasse para fora das calças. Desculpe se lhe falo dessas coisas, Hannah, tão impróprias para uma mulher da sua educação e sensibilidade. Mas para você não tenho segredos. Sou um homem que lida com ventres, peles e esqueletos, partes tão nossas e tão divinas quanto a mente e a alma. E penso que Deus, sendo Deus, sabe bem disso. Aquele dinamarquês despudorado! A sua fama por essas bandas é enorme. Vive correndo atrás de jovens caboclos, para convertê-los aos vícios do corpo. Desde que seu amante desenhista se foi, há tantos anos, ele vive por aí, nessa faina dos desejos mórbidos e insaciados. Preferi não dizer mais nada, para não alimentar a sua fala. Diante do meu silêncio, olhou os animais em preparação sobre a mesa e mudou o tom da conversa:

— Tenho grande admiração pelo seu trabalho e, se não me sentisse tão velho, gostaria muito de reaprender a fazê-lo. Sempre lidei com fósseis, como você sabe, e nunca trabalhei com vivissecção. Fiz também muita taxidermia, é claro, sobretudo nos primeiros anos aqui. Mas depois de 1844, quando mandei minhas coleções para os Antiquários do Norte, nunca mais preparei um animal. Vejo que sua técnica é admirável...

Ele parecia sincero, e eu não me furtei a comentar a rotina de trabalho, não para saciar a sua curiosidade, mas apenas para repassar as idéias gerais de um pequeno manual prático de taxidermia que pretendo escrever.

— Bem, doutor, vivissecção não é o objetivo aqui, como o senhor bem sabe, ainda que eu já tenha trabalhado com ela. Quanto à taxidermia, a primeira coisa a lembrar é que, sendo uma técnica de transporte da pele – como a etimologia da palavra já diz –, não se consideram os seres na sua especificidade ou na escala de sua importância para os planos do Criador, mas apenas como pele e ossos a serem tratados. Assim, um homem ou um macaco é o mesmo sob o estilete.

Ele chegou a levantar-se para ir embora, mas eu alcei os braços em sinal de armistício.

– Tenho pensado em escrever um pequeno manual de taxidermia. Tenho aqui comigo algumas notas. Se não se importa, gostaria de mostrá-las ao doutor. Acho que são veleidades de açougueiro que lida com cientistas...

Ele esboçou um meio sorriso, talvez por educação, e sentou-se. Continuei a explanação, lendo trechos do meu caderno de notas.

Percebi logo que ele se enfastiava com o meu pequeno tratado. Esse mesmo fato me deu – devo confessar – o ânimo perverso para seguir lendo. Era uma forma de combater seus discursos com a mesma arma.

A certa altura das notas, parei de ler, pois o dinamarquês já não me ouvia. Distraía-se observando os ossos de uma ave que eu havia preparado e que estavam dispostos em linha e numerados sobre a mesa. Sua mente parecia distante dali. Levantou-se, sem qualquer aceno ou palavra, saiu e não mais voltou.

Bem, Hannah, já passa das sete horas. Vou até a vila ver os festejos. Dizem que são interessantes. Um muito feliz Natal, minha querida. Sei que quando estiver lendo esta carta já será um outro ano. Mas lembre de mim aqui e agora, pois só lembrando de você posso seguir com essa solidão. Lembranças a todos. Cuide-se, minha Hannah. E até breve, se tudo der certo.

Com o pensamento sempre em você, receba meu carinho e meu amor.

George Sceva

29 de junho de 2008, 9:30 h.

Entrei no banho com a mente assombrada pelo espectro de Sceva e de sua solidão na beira do Ribeirão da Mata. O lugar, hoje abandonado, deve abrigar o seu fantasma na ronda das noites de verão. Debaixo do chuveiro, sob o choque da água fria, apercebi-me de que não havia consertado a resistência, queimada pelo uso excessivo durante aqueles dias frios. Os calafrios cortavam como os estiletes do taxidermista. A imagem do morto se misturava aos esfolados na mesa sangrenta à beira da mata, enquanto meu sangue parecia esvair por cortes na nuca e nas axilas. Para que arrancar o couro de um industrial?

Com a água correndo sobre o corpo, já mais acostumado à temperatura, comecei a pensar que o procedimento do assassino poderia ser menos uma forma de me incriminar – dispositivo ridículo, pela sua obviedade – e muito mais uma ameaça, oculta para a polícia e explícita para mim, como a dizer: "se abrir o bico, morre também". Seja lá quem for que tivesse feito ou mandado fazer aquilo, integrava o grupo de pessoas que eu conhecera nos últimos meses, desde que me envolvera com Elisa e com seu marido, por decorrência da condição de amante da esposa. Era mesmo provável, quase certo, que o assassino estivesse na festa.

Também era plausível que a ameaça não se dirigisse somente a mim, mas a várias outras pessoas daquele círculo, as quais, de uma forma ou de outra, estavam envolvidas com os acarás, os andirás, Agassiz, as estações de pesca, Sceva e tudo o mais. Mesmo o assassino poderia ser qualquer um deles. Ele usara no trato do corpo um procedimento, ao mesmo tempo, obscuro para a polícia e reconhecível por todos do grupo como uma senha, um código de soberba, exibicionismo e chantagem. Ao mesmo tempo em que se exibia, dizendo "estou ao seu lado", o assassino – e, por que não, a assassina? – nos ameaçava, a cada um intimamente, com a promessa do mesmo fim. Um perfeito calaboca.

Mas quem poderia ter matado Ascânio Guedes? Para conhecer o assassino era bom saber os motivos pelos quais alguém o queria morto, e eu não tinha a menor idéia sobre as motivações dos que estavam à sua volta. Se falei antes em círculo de pessoas, era apenas como forma de expressão. Tirando Elisa – que eu aprendera a conhecer no mais íntimo de sua pele macia e de sua entrega sem limites – e ainda Verinha, Eliana e Pacheco, que eram meus amigos por motivos diferentes, os outros eram conhecimentos passageiros. Não que eu pusesse a mão no fogo por esses quatro, como não punha por ninguém, mas o diabo era imaginar os motivos. Talvez só Verinha estivesse fora da minha suspeita. Aquela prostituta alegre e descompromissada me parecia ali quem menos exercitava a cobiça, os desejos de poder, o ciúme ou a vingança – motivos regulares para um crime – e quem menos atração teria pelo fetiche e a perversão necessários para profanar daquela maneira o corpo do morto. Quanto a Jacó Filogoni, parecia-me um tipo asqueroso e cruel, mas duvidava de sua audácia para um ato daqueles. O deputado Severiano Almeida, apesar da sua discussão com Ascânio que furtivamente presenciei, era uma incógnita, assim como o gerente do frigorífico. Este passou todo o tempo da festa a olhar para as pernas deliciosas de Elisa, no esforço de desnudá-la com os olhos e adivinhar, sob a calça justa, a pele que eu tanto conhecia e que não me cansava de ter sob os lábios. Sua concentração deixava-o alheio ao ambiente, impenetrável a qualquer forma de compreensão. Restava ainda o velho professor de cirurgia buco-maxilo-facial, figura sublime e de conversa encantadora, brilhante como ictiólogo autodidata dedicado aos poucos piaus, surubins e dourados que teimavam em sobreviver no Paraopeba, no Doce, no São Francisco e no das Velhas.

Gustavo Veloso era uma personagem sagrada na cidade e no estado, sobretudo entre biólogos, conservacionistas e pescadores. Meu amigo Pacheco tinha verdadeira devoção por ele e sempre repetia a história de vida do mestre. Filho de uma tradicional família de médicos da cidade, doutor Veloso era professor titular aposentado da Faculdade de Medicina, adorado pelos seus alunos. No entanto, dedicara e ainda dedicava o melhor de sua vida aos peixes. Aprendeu esse amor quando criança, como pescador. Depois de adulto, tornou-se respeitado ecólogo. A voz matreira, os olhinhos irônicos e a pele de neve completavam o seu porte de aristocrata inglês, em um corpo de mais de um metro e oitenta, sempre muito bem vestido, ainda ágil e ereto aos 86 anos. Juntamente com Ângelo Machado e Hugo Werneck, dois outros famosos ecologistas autodidatas (um com suas libélulas e outro com seus curiós), integrava a trinca de ouro que inventara o conservacionismo muito antes da moda. Uma de suas mais constantes causas era a luta pela reintrodução e o manejo comercial da matrinxã nas bacias do São Francisco e do Doce, dizimada pelos anos de degradação ambiental. Como conseqüência lógica, sua luta derivava para uma cruzada contra a aclimatação dos tucunarés em alguns lagos, sobretudo os do Alto Rio Doce, feita pelos pescadores amadores que, a partir da década de 1980, haviam redescoberto esse parente superior dos acarás na pesca esportiva da bacia amazônica e o haviam trazido, sem qualquer controle, para os lagos do Sudeste. Ambos eram grandes peixes esportivos, mas à nobreza da matrinxã se opunha a verdadeira devastação provocada pelo tucunaré onde quer que ele entrasse, efeito não previsto pelos pescadores e exemplo claro dos desequilíbrios causados pela ação humana. Quando a ecologia entrou na moda e passou a dar dividendos políticos, Gustavo Veloso foi convocado pelos poderosos de ocasião – entre eles o deputado Severiano Almeida – para propor políticas públicas de meio-ambiente. Com a honestidade intelectual e o gosto pelo trabalho que o caracterizavam, chegou a gerir órgãos públicos, além de integrar todos os comitês da área, mas acabou desencantado com o ambiente vil da máquina estatal e se recolheu ao próprio trabalho. Sua retirada significou um baque para as melhores cabeças da nova geração, que viam nele um símbolo de resistência e de probidade. De anos para cá, passou a agir somente como consultor independente de projetos.

Nessa condição, Doutor Gustavo conheceu Ascânio Guedes, quando o industrial implantava em Senhora do Carmo – na fronteira leste do Parque Nacional da Serra do Cipó e usando águas que iam dar no Rio Santo Antônio – o Tilápia Viva, impressionante projeto de produção e exportação em larga escala de filés de tilápia, dirigido ao mercado americano. Ao lado dos lagos artificiais para a produção dos peixes, Guedes construiu um pesque-e-pague ultra-sofisticado, espécie de resort de pesca para novos-ricos, que tinha até campo de pouso. Essa vertente turística do empreendimento possuía seu imenso lago reservado, onde era possível embarcar dourados de dez quilos e surubins de até trinta, mas onde a moda politicamente correta do *catch-and-release* esplendia em seu momento de glória. O projeto era questionado pelos biólogos mais radicais, entre eles o Pacheco, pois seu impacto sobre o Santo Antônio era imprevisível. Mas Gustavo Veloso dera o seu aval, com o sentido prático de que era melhor ajudar a manejar do que deixar ao desejo de lucro toda a decisão sobre o que fazer. Os dois acabaram por se tornar amigos e tinham lá suas rusgas em torno dos tucunarés, dos quais Guedes era um fanático pescador desde a juventude.

Sobre aquele respeitável professor não havia mesmo o que pensar. Quanto aos outros, sentia-me como num vácuo. O melhor era me antecipar ao assassino e tentar prever seus passos, antes que a polícia cismasse comigo. Amante da esposa – fato cuja extensão de vazamento público eu não podia avaliar com certeza – e com todo aquele conhecimento circulando pelo meu trabalho, acabaria por constituir o suspeito ideal. Agir seria também uma forma de me precaver contra o estripador, pois, àquela altura, ele me parecia muito mais perigoso do que a ameaça de ser indiciado.

Muitos ali poderiam ter as suas razões para rifar o rico industrial – pensando bem, eu também teria algumas –, e era preciso começar por algum lugar. Procurar Elisa, para ter notícias mais claras, seria muito arriscado àquela altura. E se ela estivesse envolvida? Ela não seria capaz de um gesto daqueles. De qualquer forma, me sentia usado, depois do que constatara na festa. Achei por bem esperar que ela entrasse em contato. E, para mim, era claro que a morte tinha a ver com os peixes do marido. Como ela já usufruía tudo, não fazia sentido.

Decidi ligar para Verinha, uma pessoa em quem confiava realmente, mas aquela hora da manhã era imprópria para alguém como ela, e não queria acordá-la num domingo azul e gelado com uma notícia de fazer supitar qualquer ressaca. Melhor esperar até o fim da tarde, quando ela costumava ficar bebendo no bar em frente à Casa do Baile. Por enquanto, o melhor era visitar Eliana na loja do Mercado Central. Vinha a calhar, pois poderia almoçar por lá, onde a comida boa, a cachaça de primeira e o ambiente colorido ajudariam a colocar em ordem a cabeça. E principalmente porque meu aquário estava imundo. Precisava mesmo de umas escovas novas e de comida para os acarás-bandeira, cujas listas dorsais perdiam o brilho na água turva daquele mundinho sujo, o que fazia suas escamas transmudarem em estranhos e aziagos uniformes de presidiários.

14 de abril de 2008, 21:30 h.

— Será que eu ganho um autógrafo? Como é que o meu professor é autor de um livro destes e não conta pros alunos? Vi hoje na livraria e comprei no ato! E então, ganho ou não ganho um autógrafo?

A boca foi a primeira coisa que me chamou a atenção em Elisa, desde a primeira vez em que a vi entrar na sala de aula. Até aí nada de especial, porque boca é a primeira parte do corpo que noto em qualquer mulher. O caso é que, quando acontece de a boca ser bonita e sensual – e a de Elisa era estonteante, grande sem ser escancarada, com dentes perfeitos entre lábios carnudos e vermelhos que sorriam em movimentos ascendentes –, não consigo ver mais nada. Mesmo que o corpo não seja nenhuma escultura, a mulher fica linda por inteiro, como se a beleza da boca sintetizasse todo o corpo e por ele respondesse. Mas, para completar a sua sedução, Elisa tinha mesmo um corpo delicioso, visto de qualquer ângulo. Pernas longas, unidas numa bunda desenhada à mão, e toda cheia de curvas proporcionadas, com seios cheirosos a pular do decote oferecido, toda ela exibia sua elegância natural de mulher alta, com cabelos castanhos escuros na altura dos ombros, moldura de um rosto com pele imaculada – tratada a cremes e a protetor solar – onde os olhos também sorriam. Aliás, seu cheiro característico vem do protetor solar, entranhado na pele e definindo o seu modo de estar no mundo. Mesmo que goste muito de perfumes e tenha todo o dinheiro para os protetores solares caros, sem cheiro, que lhe permitiriam usar seus caríssimos perfumes, Elisa acaba por preferir os protetores mais antigos, e exala sempre aquele cheiro de bebê e dias ensolarados de praia. E usa óculos estreitos, de aros negros, fetiche dos fetiches. Elisa nua, de óculos, com aquela boca vermelha me lambendo e chupando, entre murmúrios de "sou louca por você, meu amor" – mas não dirigindo-se a mim, e sim ao pau duro com quem ela conversa, fixando-lhe os olhos ligeiramente estrábicos e tratando-o com o afago de um brinquedo seu, independente de mim –, essa é a minha imagem do paraíso.

– Um autógrafo e tudo o mais que você quiser.

Ela abriu um sorriso que achei cheio de promessa, sem qualquer constrangimento pela minha fala tão direta e grosseira, mas não me passou o livro. Ficou esperando que eu o tomasse de suas mãos. Fiz o gesto para apanhá-lo, mas ela me deu antes uma das mãos, cujos dedos ficaram acariciando minha palma, enquanto a outra mão me estendia o livro, que recebi fechando o circuito de nosso contato físico. Foi apenas um segundo, mas uma faísca me subiu pela medula, tão eletrizante que os outros alunos, em meio àquele tumulto de fim de aula, devem ter percebido.

– Seu nome é Elisa, não é? Elisa Guedes?!

– Como sabe? Só quinze dias de aula, ainda não deu tempo de decorar.

– Ouvi os colegas te chamando no intervalo da aula.

Era pura mentira. Desde que vira aquela boca, ficara fascinado por Elisa. Tenho péssima memória para nomes, mas um dia, de propósito, contara quantos alunos haviam assinado a lista de presença antes dela. Depois, foi só repassar a lista e concluir pelo nome. Sua pergunta, obviamente, constituía um teste para saber se eu havia prestado atenção nas pernas, na bunda linda, na pele de bebê, no cheiro estonteante. "Sua boca, meu bem", pensei comigo, "basta para mim. Por ela posso morrer, como um peixe fisgado pela guelra". Minha desculpa, vinculando a lembrança do nome ao zunzum do intervalo de aula, poderia denotar recuo ou indiferença. E talvez, no fundo, fosse mesmo um certo recuo. Por um momento, achei que estava diante de uma *cockteaser*, das que fogem na hora agá. Mas Elisa era grande jogadora. Manteve o sorriso e aceitou o negaceio como parte do jogo.

– Na verdade, nasci Maria Elisa Beltrão, mas detesto o "Maria". Desde que me casei, adotei o sobrenome do meu marido e o meu segundo nome. Me chama de Elisa. – Ela mencionara o marido, mas não parecia ser por escudo, para evitar intimidades, e sim por provocação, como a dizer "sou casada, mas adoro aventura".

– Um prazer ter você aqui.

A mão macia escapou da minha palma, mas os lábios entreabertos e aquele cheiro bom de protetor solar salpicavam sombrinhas coloridas na minha retina. Tomei o livro e escrevi sem pensar: "Para Elisa, este convite a uma viagem no tempo, entre perfumes selvagens...". Ela fechou o livro sem ler o que eu escrevera e sem esmaecer o sorriso que permanecia iluminando sua boca e seu rosto.

Elisa era aquele tipo de aluna que sempre aparece em cursos de especialização, à procura de não-sabe-bem-o-quê, às vezes só uma desculpa para sair à rua e ficar livre do marido chato, dos filhos e da rotina. Às vezes uma vontade genuína de correr atrás do tempo perdido como dona de casa. Na maioria das vezes, apenas um impulso ao desconhecido, um caminho para o desejo, uma vertigem pelo perigo.

— Lindo o seu livro. Ainda não li, porque comprei hoje, mas já vi as imagens.

— Ah, obrigado.

Meu impulso era dizer "linda é você", mas controlei a afoiteza e voltei meus olhos aos papéis de aula sobre a mesa, fingindo interesse pela arrumação da pasta. No percurso entre seu rosto e a mesa, meus olhos se fixaram um momento nos peitos empinados sob a blusa de seda azul, bicos excitados marcando o tecido macio e requintado. Ela notou e baixou os olhos, não por ter ficado desconcertada ou com vergonha, mas para olhar diretamente para o meu pau, divertida com o fato de que estava me deixando maluco e sabendo que sua mirada só carregava mais tensão no circuito. Foi muito rápida no gesto, logo levantando a cabeça com um sorriso ainda mais largo, ao ter provas de seus talentos de sedutora.

Ela teria qualquer coisa em torno de 30 anos. Linda e juvenil o suficiente para parecer bem menos, mas com um olhar esperto e um perfume de autoconfiança bastantes para denotar a experiência de uma mulher mais madura.

Nunca lhe perguntei a idade. Não só por delicadeza, mas porque esse mistério era parte da sua sedução. Ela tinha plena consciência daquela duplicidade e abusava das personagens. Às vezes parecia uma adolescente em dia de chuva, chorando baixinho na hora de gozar, pedindo para comer só o seu rabo, como se guardasse a suposta virgindade para um noivo de subúrbio. De hora para outra virava uma máquina de gozo, revezando o pau entre a boceta e a boca, rindo desbragadamente a cada explosão dos nervos, a cada jorro em suas entranhas, dona absoluta dos próprios desejos.

– Professor, eu queria tirar uma dúvida.

Lá vinha a figura indefectível do chato. Elisa se virou para não gargalhar com o meu desconcerto diante da situação. Será que esse idiota não via que eu estava ali prestes a começar uma história com a dona da boca mais bonita da cidade? Comecei a jogar com pressa os papéis dentro da pasta, para me livrar do chato antes que ela se fosse, mas ele já se dirigira ao quadro-negro, tomara do giz e se preparava para me dar uma aula qualquer, do alto do seu pernosticismo de militante de esquerda.

Em menos de um minuto ele reduziu a história do Brasil ao refrão de sempre: falar mal dos americanos. Claro que era de propósito. Corria pela escola uma fama de que eu voltara do doutorado totalmente americanizado. Um verdadeiro horror, em meio àquela fábrica de militantes. Nada como infernizar a minha vida com proselitismo esquerdista.

Pelo canto do olho, vi Elisa saindo pela porta – a bunda suspensa na saia, em justa medida de insinuação e sensualidade, um rastro de cheiro bom flutuando no ar – sem ao menos virar o rosto.

Fechei a pasta, deixei o aluno falando sozinho e me dirigi à porta, na esperança de que ela ainda estivesse por ali. Mas pude ouvir o barulho do elevador se fechando e só encontrei o hall vazio. Uma voz esganiçada falou atrás de mim e, mesmo sem me virar, pude reconhecer Mercedes, a esotérica da turma:

– Professor, a que horas o senhor nasceu? Deixa eu fazer o seu mapa? Posso apostar que sua lua está em peixes.

Lagoa Santa,
domingo, 25 de dezembro de 1865

Querida Hannah,
Ainda nem enviei a carta de ontem e já escrevo outra. Seguirão juntas, como partes de uma mesma saudade...

Como disse antes, ontem fui à vila para assistir a um pouco das comemorações do Natal. Disseram-me que a cerimônia dos caboclos era bonita, o que pude comprovar com meus próprios olhos. Com a chegada plena da noite, duas canoas iluminadas por tochas atravessaram o lago, partindo de um lugar chamado Campinho, em cuja capela estavam as imagens, e tomaram a direção do centro da vila. Numa das canoas vinha a imagem da Virgem da Lagoa Santa; na outra, a de Santa Luzia. Em pé, na proa, sob as luzes das tochas que sobre elas convergiam, as duas imagens se dirigiram para a margem. No desembarque, os que as conduziam se juntaram à multidão que lá estava para recebê-los, formando a procissão; as mulheres estavam vestidas de branco com flores nos cabelos; os homens carregavam tochas e círios. Todos acompanharam as imagens sagradas, que foram levadas sobre estrados, na frente do cortejo, até a igreja, onde as depositaram e onde elas ficarão por toda a semana do Natal e na primeira semana de janeiro, ao lado de uma montagem que eles chamam presépio, a qual reproduz o estábulo em que nasceu Jesus Cristo, com seus animais, cochos e palhas. Entrei com a procissão; vi toda a congregação de gente escura ajoelhada; as duas santas – a primeira, uma estátua mal feita de madeira, toscamente pintada, representando a Virgem, e a outra, uma verdadeira boneca enfeitada de ouropéis – foram colocadas sobre um pequeno altar onde já se achava a imagem do Menino Jesus cercada de flores. Essas cerimônias são tão diferentes de nossos ritos despojados, mas reconheço que havia nelas a beleza da verdadeira fé.

De passagem, pude ver Doutor Wilhelm Lund. Ele assistia a tudo, assentado em um dos toscos bancos bem em frente ao altar, como se fosse o patriarca do lugarejo. Cumprimentamos um ao outro de longe, com um pequeno aceno de cabeça. Não lhe guardo rancor, e acho até que fui indelicado com ele. Suas dúvidas morais e filosóficas, açuladas por seu saber científico, devem ser para ele uma verdadeira tortura. Penso que as pessoas simples daqui têm por ele uma mistura de medo e admiração, e por isso aceitam tacitamente as perversas inclinações sexuais como parte do seu tipo extravagante, que, aliado à pele leitosa, a um resto de cabeleira vermelha e aos indefectíveis olhos azuis, paira sobre aquela gente parda como um ser especial. Pobre Lund, dividido entre a lealdade à ciência, como matéria real por fora, e a lealdade às suas convicções religiosas e filosóficas, como matéria real por dentro. Sua única e verdadeira certeza se constitui da admiração sincera desta gente. Não há filho de barranqueiro do Rio das Velhas ou do Ribeirão da Mata que não seja levado a ele para apadrinhar. Hoje mesmo, em plena cerimônia da Natividade, batizou ele um pequeno Osório do Vale, como tantas outras crianças filhas do vale, do morro, do rio, da mata, da beira deste mundo esquecido nas entranhas do continente.

Mais tarde, celebrou-se a missa da meia-noite, mas não fiquei para assistir. Hoje pela manhã haveria festa e bebedeira, às quais, com certeza, se entregaram os meus auxiliares.

Passei hoje em revista a última lista de animais já preparados. Não está mal, apesar do muito que ainda há por fazer. Esta região é riquíssima em espécies, e a sua variedade incontável não me deixa tempo para descansar antes de voltar ao Rio de Janeiro, onde muito trabalho me espera. Por enquanto já tenho esqueletos preparados e numerados de lobo, tatu-galinha, tatu-peba, cuati, lontra, capivara, saíra, guasch, mergulhão, caxinguelê, gavião-do-mato e bem-te-vi. Tenho as peles de todos esses (os tatus têm cascos, e não peles) e também de tamanduá (adulto e filhote), morcego, sagüi, macuco, cutia, saracura, porco-espinho, garça, ourizcaixeiro, ceriema, papa-mel, paca, gato do mato e ainda três cobras cascavéis e um enorme tapir, que eles aqui chamam de anta. Entre os peixes, já levo as peles e os esqueletos de surubim, bagre e mandi (todos *catfish*); piau, traíra, matrinchan, dourado, corvina, lambari, cascudo e toda uma série variada de acarás, inclusive os de chifre, que nidificam os ovos na boca. Você pode não acreditar, mas é verdade o que digo: esses peixinhos criam na boca os alevinos, uma coisa rara de se ver. Faltam-me ainda onças (*jaguars*), tatu-canastra e alguns macacos variados, além de dobrar o número dos que já tenho. O bugio que Lund trouxe foi muito bem-vindo. Sei que os nomes não lhe dizem nada, mas gosto da sonoridade que eles têm e vivo repetindo-os até decorar. São mais belos que os nomes científicos.

A paisagem aqui, apesar dos mosquitos, é muito bonita. Pena que monsieur Burkhardt não está comigo. Ele desenha maravilhosas reproduções de paisagens, para não dizer das lindas aquarelas que faz dos peixes que chegam das estações de coleta, os quais eu depois transformo em preparações de pele e osso. Bom seria se ele estivesse aqui para conversarmos um pouco. Ele agora está no vale do Amazonas com o professor Agassiz e os outros.

Um dia, alguns meses depois de ter chegado à Lagoa Santa, fui à vila buscar provisões e recebi um malote vindo de Tefé, com instruções adicionais do professor, motivadas por suas coletas lá no Norte. Neste país tão vasto é quase um milagre que o malote tenha chegado às minhas mãos antes que eu mesmo reveja todos os companheiros de viagem em nosso encontro marcado no Rio de Janeiro, antes do retorno a Cambridge. Junto ao malote, meu grande amigo Burkhardt enviou-me duas aquarelas maravilhosas: uma de um *Geophagus brasiliensis*, o acará de chifre, de que já lhe falei. Isso significa que ele ocorre em todo o vasto território do império. A outra mostra uma espécie que nunca vi por aqui e que, com certeza, se restringe ao vale do grande rio. Trata-se de um soberbo *siluridae* preto e amarelo. O nome anotado pelo artista é *Phractocephalus bicolor*. Entre parênteses monsieur Burkhardt escreveu *pirárárá*, com a marca de seu sotaque francês. Com humor ácido, fez ainda anotar na borda do desenho: "ronca muito antes de morrer!". Professor Agassiz me dá notícias de que monsieur Burkhardt está doente, sofrendo muito com os insetos infernais que também perturbam o meu trabalho. As duas aquarelas povoam a solidão dessa Lagoa Infernal com a lembrança de meu fraternal amigo. Rezo ao Deus do doutor Lund para que ele fique bom logo.

Uma vez mais, querida Hannah, feliz Natal. E que sua imagem amada não me abandone antes que eu possa voltar, como sempre cheirando a pele, ossos, escamas e sangue. Mas vivo, que é o que importa.

George Sceva

06 de maio de 2008, 12:00 h.

O antiquário estava lá há alguns meses, mas eu ainda não tivera chance de dar uma conferida. Na Pampulha é assim: abriu uma nova casa, seja lá do que for, todo mundo vai conferir. Mas poucas emplacam, e o circuito acaba reduzido a um pequeno número de restaurantes, de bares e lojas, o que faz do bairro uma capoeira no descampado da cidade, uma ilhota – onde tudo se sabe e os rostos são sempre conhecidos. O antiquário ficava num velho galpão de oficina, na parte baixa da Alameda das Latânias, onde vários estabelecimentos tinham antes tentando a sorte, desde um restaurante italiano vagabundo até mecânica de automóveis. Mas a fachada havia mudado para melhor, e o letreiro convidativo, com os dizeres "ar condicionado" na porta de vidro enfumaçado, constituía indicação de que o novo dono do endereço tinha algum gosto. O mês de maio na Pampulha é muito fresco, de ares lavados, mas o ambiente condicionado era fundamental naquele limite leste do bairro, onde a tranqüilidade e o verde das alamedas encontra o barulho e a fumaça da Avenida Antônio Carlos.

O interior era surpreendente, e logo no hall a temperatura controlada mostrava sua razão de ser: uma espaçosa galeria de arte ocupava toda a parte frontal do imenso salão, com a parte posterior do vão fazendo as vezes de antiquário de móveis. Da rua seria impossível deduzir a presença encantadora de tantas telas. Bem na entrada o visitante se deparava com um *Peixe*, de Aldemir Martins, desenho de um metro de altura, datado de 1953, quase ao lado de um óleo de Castagneto, *Os peixes*, do final do século XIX. Assim como essas duas jóias, muitas outras peças da melhor pintura brasileira emolduravam as paredes. Mas o acervo não se compunha somente de artistas consagrados. Entre os dois quadros da entrada se postava um *Nu de costas*, de Joana Vilela, a provar que o marchand tinha olhos para o novo, quando esse novo não era apenas novidade. "Mulher com peixe", pensei comigo, lembrando a sensualidade opulenta da gravura famosa do Di Cavalcanti. Além das telas, esculturas de variados tamanhos em aço e bronze, em madeira e pedra – e ainda objetos de parede, aquarelas e gravuras – estavam por todos os lados.

Uma recepcionista, sentada numa mesinha ao lado da porta, sorriu e me convidou a entrar. Era uma mulata deliciosa, que parecia saída dos quadros do Mário Mariano para compor, com sua pele macia, um alto contraste com o ambiente das paredes brancas. Pisquei para ela, que abriu o sorriso, mostrando os dentes imaculados.

– Linda galeria – disse eu, olhando no seu rosto. Ela baixou os olhos, tímida, e respondeu flertando:

– Está aberta. Por que não entra para conhecer?

Sorri em agradecimento e voltei-me para o salão. O encanto do espaço se cristalizava em um pequeno jardim no centro do salão, a cinqüenta centímetros do solo, cujas bordas formavam assentos de cimento polido. Esse jardim retangular ficava colocado abaixo de uma clarabóia de vidro translúcido, recortada no teto de gesso com as exatas dimensões do jardim, de onde a luz do céu de maio – coada pelo vidro fosco – invadia o ambiente em fachos brilhantes que, de tão espessos, podiam quase ser tocados. Àquela hora, o retângulo de luz caía inteiro sobre o jardim, tal como um holofote sobre cena de teatro. Ao longo do dia, esse desenho de luz se deslocava de oeste para leste, marcando as horas, das oito da manhã às quatro da tarde, e o arquiteto tivera o bom gosto de grafar, de parede a parede, através do chão e do jardim suspenso, as horas ditadas pelo relógio de sol. Ao fundo, depois da área de móveis e de objetos antigos, para a qual se transitava em ambiente contínuo desde a galeria, uma segunda clarabóia repetia o mesmo efeito sobre uma larga mesa de trabalho, repleta de papéis e documentos, com um *laptop* aberto e livros de arte em volta, mas tudo em exemplar organização. O jogo da luz natural sobre o chão de madeira reutilizada, em composição com o pequeno jardim e as paredes brancas, criava uma atmosfera de grande simplicidade e beleza, completada pela iluminação indireta que do teto se dirigia às telas nas paredes.

Absorto em contemplar a luz do ambiente e as costas nuas da mulher curvilínea no quadro, só percebi o vulto atrás de mim quando o seu cheiro ensolarado invadiu minhas narinas e a voz de Elisa ecoou no ambiente:

– Ora, se não é o meu professor!

Virei-me, e foi como se a personagem na tela tivesse feito meia-volta, olhando-me diretamente nos olhos para revelar em plenitude o rosto que o quadro esconde.

– Gosta mais dela ou dos peixes?

A surpresa e a alegria de vê-la deixaram-me mudo por um instante. Ela não aparecera nas aulas anteriores, depois daquela nossa primeira conversa. Pensei que tivesse ficado retraída ou envergonhada com o que acontecera entre nós (mas não acontecera coisa alguma!) e por isso dera um sumiço. Bem verdade que um dos dias de aula caíra num feriado, alongando ainda mais o intervalo sem vê-la e realimentando a minha desconfiança sobre a sua reação à nossa primeira conversa. Mas que nada! Ela estava ali, deliciosa e radiante como sempre, exalando sua sedução.

– Gosto dos três, mas gosto sobretudo da colocação da mulher junto aos peixes.

Minha observação fez sorrir o homem que chegara com Elisa. Eles vinham do fundo do galpão. Uma porta entreaberta, atrás da mesa sob a clarabóia, denunciava a existência de um depósito de móveis em recuperação e de obras de arte em estoque. Era claramente o dono da galeria. A intimidade entre os olhares denunciava de pronto que Elisa o conhecia muito bem. Logo me apresentou ao marchand:

– Esse aqui é o João, meu professor, de quem lhe falei...

Ela então já falara de mim pro sujeito? Mas falara o quê? E essa repetição da expressão "meu professor"? Estava me cantando na frente do outro?

– Jacó de Barros Filogoni, ao seu dispor.

– Estou assim famoso?

Soltei a frase sem pensar, com aquela falta de graça em que ficamos quando percebemos que alguém acaba de falar de nós, sem sabermos bem o quê. A sensação de chegar atrasado na conversa era a mesma que sempre tenho diante de São Francisco pregando aos peixes no painel de Portinari. Os dois sorriam cúmplices, e eu tive, por um momento, a sensação de que eles já esperavam aquele encontro fortuito.

Seria ele seu confidente de escapadas conjugais? Que fosse seu amante parecia uma hipótese absolutamente improvável. O burburinho do bairro já levantara a ficha do marchand, e a sua figura só fazia corroborar a imagem que circulava em todas as rodas, das conversas nas quadras do Iate Tênis Clube até as butiques da Rua Dias Bicalho, passando pelas filas de caixa no supermercado do bairro e pelos salões de novos ricos no bairro Bandeirantes. Jacó Filogoni era psicanalista sem formação médica, tirado a sefardita e cristão-novo. Pedante, livresco e pernóstico, mas com inegável gosto para a arte. Miúdo, de cabeça grande e tronco maior do que as pernas, aquele branquelo de olhos castanhos esbugalhados usava óculos de aros azuis, tinha voz fanhosa e pausada. A calvície avançada era coberta no topo da cabeça pelos fios laterais de um cabelo crespo, ruivado e ralo, esticado à base de cremes e repuxado para o centro da calva. Devia ter uns cinqüenta e cinco anos, talvez mais, lutando para parecer menos. Cuidadoso com o vestuário, fazia o tipo desleixado chique. Ex-casado, sem filhos, havia em volta dele o rumor de um caso amoroso com um comerciante do Mercado Central, Wellerson, um rapaz bem mais jovem do que ele e dono de um restaurante muito freqüentado. "Amigo leal dos seus poucos amigos e língua viperina para o resto do mundo", era o que diziam dele as más línguas. Morava e atendia na Serra, "único bairro decente nesta cidade sem espírito", como costumava repetir, em irônica afronta aos clientes da galeria. Mas, se assim era, que fazia ele na Lagoa, antípoda geográfico e espiritual do bairro ao sul da cidade?

Um perfil publicado no *Jornal da Pampulha*, quando da inauguração da galeria, dava algumas dicas da transformação do psicanalista em marchand. Parece que a clínica andava ruim, desde muito tempo, se é que algum dia chegou a ser boa. Com uma sugestão ou outra para a compra de quadros e objetos feita aqui e ali para os amigos e conhecidos – o que gerava sempre algum lucro, fosse em dinheiro ou mesmo em telas –, o gosto pela arte e o acervo pessoal foram ao poucos se transformando no principal meio de vida do psicanalista sem clientes.

Mas os detalhes mais picantes o jornal não informava. Deles tomei conhecimento pela boca delirante do Pacheco. A lenta mudança de rumos de Jacó Filogoni coincidiu com a ascensão de uma nova classe política na estrutura do poder municipal e estadual, durante a década de 1990, cujos membros vinham sobretudo das áreas da saúde pública e dos estudos sociais, entre os quais o psicanalista possuía muitas relações, construídas ainda no tempo do curso de Psicologia. O vestibular não lhe permitiu ser médico, mas acabou amigo de muitos. As lides estudantis dos anos 1970 criaram fortes elos entre os estudantes de Medicina e os estudantes de ciências humanas e sociais, barricados no velho prédio da Faculdade de Filosofia e Ciências Humanas, no alto da Rua Carangola, onde Filogoni foi fazer seu curso de Psicologia, o que selou a amizade entre o jovem psicólogo e os militantes mais arraigados daquele viveiro radical.

– E você sabe como é – explanava o Pacheco –, Aristóteles diz que a forma final de um ente demonstra o que ele sempre foi. A forma final é o conjunto das potencialidades reveladas. Ou seja, meu caro, o tempo transformou os radicais no que eles sempre foram: burgueses de estado.

De onde é que o Pacheco sacou a enteléquia de Aristóteles? Diz ele que biólogo que preste tem de estudar o organicismo do filósofo.

Seja como for, aquelas amizades eram um trunfo para Filogoni. Amigos em ascensão são fonte de oportunidades, e os bons salários pagos com dinheiro público foram aos poucos criando um nicho de compradores de arte que se abastecia na mão do psicanalista, auxiliado pelos decoradores de plantão. Como o Pacheco estava sempre envolvido com políticas públicas de meio ambiente, acabava por conhecer toda aquela fauna de ex-militantes arrivistas, amigos do marchand, todos encastelados em cargos públicos, ávidos por assessorias e sinecuras. "Cubanos de butique", ironizava ele. Mas, com o passar do tempo, o horizonte desses amigos poderosos cresceu mais do que a capacidade comercial de Filogoni, e ele foi ficando para trás, substituído no gosto e no bolso dos compradores pelas galerias do Rio de Janeiro e de São Paulo, para não dizer das incursões em São Francisco, Nova York, Londres ou Amsterdã. Ele até tinha alguns contatos na Europa, sobretudo em Lisboa, que não era propriamente um elo forte do mercado de arte. Para enfrentar a situação, era preciso profissionalizar-se e achar um outro nicho. Pacheco explicava assim o caso:

– Você não vê o óbvio?

– Você está delirando, Pacheco.

– Esses profissionais deixaram há muito de ser técnicos em qualquer coisa. Viraram políticos profissionais. Sugeriram ao Filogoni que viesse para a beira da Lagoa porque eles todos agora têm olhos para cá. O fato é que, depois de anos de relativo abandono, o que preservou da descaracterização este trecho aqui e fez dele o último espaço da cidade ainda imune à especulação imobiliária e à total destruição ambiental, esse pessoal alimenta sobre a Pampulha um desejo muito pior do que o dos especuladores. Querem tomar de assalto o bairro do JK, cooptando a imagem modernista da Pampulha para os seus projetos de poder. Estão comprando casas nas alamedas e aprovando projetos de saneamento, mas está em jogo mesmo a transformação da imagem de um liberal como JK na de um militante. Esses caras são especuladores do imaginário sobre o político. Jogam com ele como apostadores no Jockey Club. Você acha que esse marchand de bosta tem grana para montar uma galeria daquelas? Tem gente por trás dele, não duvide. A Pampulha vai virar moda, João, manipulada por interesses políticos. Esse Jacó está apenas seguindo o fluxo, aproveitando a dica assoprada em seus ouvidos por bocas amigas.

Todas essas alucinações do Pacheco percorreram minha memória numa fração de segundo, enquanto Filogoni me estendia a mão e Elisa sorria satisfeita. A palma mole e fria do sujeito chegou a me dar repulsa, mas o cheiro de Elisa absorveu meus pensamentos todos, e sua língua tocando levemente os lábios me fez voltar à idéia fixa, que já me perseguia há mais de três semanas, de colocar o pau duro dentro daquela boca. Foi ela quem resolveu o impasse da minha mudez, ao propor sem delongas:

– Eu e o Jacó íamos almoçar, por que não vem com a gente?

– Vamos ao Terraço – disse Filogoni –, pois quero conferir mais uma vez a exposição que está no museu. Mas vamos contornando a Lagoa, pois é mais bonito.

Elisa, de vestido preto curto e costas à mostra, seguia na minha frente, em movimentos sinuosos de peixe na correnteza. Segui-os sem pestanejar. Antes de sair, a recepcionista fez questão de me dar um folheto da galeria. Anotado no rodapé do folheto estava o seu nome e um telefone celular. Parecia meu dia de sorte. Na porta de saída, para fugir do sol, Filogoni colocou os óculos escuros e abriu uma larga sombrinha acinzentada, cujo interior revelava um céu azul ferrete salpicado de nuvens brancas, o mesmo azul dos azulejos de Portinari.

Manaus,
26 de dezembro de 1865

Professor Milne Edwards (Jardin de Plantes – Paris)

Caro amigo e eminente colega,

Há cinco meses percorro a bacia do Amazonas e, de volta uma vez mais a Manaus, tive o pesar de saber da morte de meu velho amigo Velenciennes, o que muito me afetou, uma vez que ninguém mais do que ele apreciaria os resultados dessa minha viagem, que eu imaginava comunicar-lhe em breve. O senhor compreenderá, com certeza, que consagro o melhor do meu tempo à classe dos peixes, e minha colheita excede todas as expectativas. Não se trata somente de ter triplicado o número das espécies conhecidas, mas conto às dúzias os gêneros novos e tenho várias famílias específicas do Amazonas, além de uma vizinha dos Gobiidae inteiramente nova para a ictiologia. Principalmente entre as espécies miúdas se encontram as maiores novidades. Characnidae das mais elegantes colorações; Cyprinodontiformes que lembram os dos Estados Unidos; Escomberóides próximos dos *Belona*; Carapóides; raias muito diferentes das oceânicas; variados Goniodontes e Cromídeos de espécies e gêneros totalmente inéditos. Os nativos designam como acarás todos os Cromídeos de forma oval que aqui se apresentam e que se caracterizam por trazerem os filhotes na boca. As espécies que assim o fazem, como sabemos, pertencem a vários gêneros e haviam sido reunidas por Haeckel sob a designação geral de geófagos. Entre os Cromídeos, há os que depositam os ovos na areia, como os dos gêneros *Hydrophonus* e *Chaetobranchus*. Mas há aqui uma espécie de acará por tudo distinta. O macho possui na parte superior da cabeça uma estrutura saliente, que falta inteiramente na fêmea e nos filhotes. Esse mesmo peixe tem um modo de reprodução dos mais extraordinários. Os ovos passam, não sei como, para a boca, cujo fundo o peixe recobre entre os apêndices interiores dos arcos branquiais e numa bolsa formada pelos faríngeos superiores, que se enche completamente. Quando se rompe, os filhotes, livres da casca, desenvolvem-se até estar aptos a cuidar da própria vida.

A história desse peixe se torna cada dia mais maravilhosa para nós. Esta manhã fui à pesca, antes do raiar do dia, na companhia do major Estolano, um dos nossos companheiros brasileiros. Voltamos com numerosos indivíduos duma nova espécie daquela mesma família de geófagos. Esses espécimes fornecem-nos uma série embriológica completa. Uns têm os ovos colocados na parte posterior das brânquias, como já disse; outros têm, na própria boca, filhotes em diferentes estágios de desenvolvimento, até um peixinho de meio centímetro, cheio de atividade e de vida, capaz de nadar quando retirado das guelras e colocado na água. Os mais desenvolvidos se acham sempre do lado de fora das brânquias. Examinando-os, encontramos um lóbulo do cérebro, semelhante aos dos *Triglos*, que emite grossas terminações nervosas para a parte das brânquias que protege os filhotes, ligando assim os cuidados com a prole ao órgão da inteligência. Os pescadores nativos insistem em que os filhotes, ainda que encontrados muitas vezes na boca materna, aí não se desenvolvem, mas são postos e incubados sempre na areia, sendo recolhidos à boca somente quando a mãe pressente algum perigo. Entretanto, a série formada pelos que hoje recolhemos é por demais completa e nega inteiramente os pescadores. Pelo menos nessa espécie, o desenvolvimento total começa a se processar, sem sombra de dúvida, na cavidade branquial. A bacia do Amazonas parece ser a verdadeira e única pátria dessa família.

Não quero fatigá-lo com minha ictiologia. Permita-me, entretanto, acrescentar que, além do fato de que as faunas ictiológicas são aqui muito nitidamente caracterizadas e separadas, os peixes não se acham uniformemente difundidos nesta grande bacia. A maioria das espécies, com raras exceções que ainda procurarei explicar, distribuem-se em áreas claramente localizadas, sistemas fechados e sem relações uns com os outros.

A continuidade da coleta trará, sem dúvida, os dados de que preciso. Mas não posso reclamar. Somente da foz do grande rio até a sua junção com o Rio Negro, aqui em Manaus, pude colher mais de trezentas espécies de peixes, das quais pelo menos a metade foi desenhada do natural, isto é, do modelo nadando num grande vaso de vidro diante de monsieur Jacques Burkhardt, meu competente desenhista e dileto companheiro de tantas jornadas.

Bem, adeus, caro amigo. Queira recomendar-me ao senhor Élie de Beaumont e àqueles de meus colegas na academia que se queiram interessar pelos meus trabalhos atuais. Recomende-me também ao sr. seu filho.

Inteiramente seu,

Louis Agassiz

06 de maio de 2008, 13:30 h.

Terraço é o nome do restaurante, ou melhor, da pequena lanchonete do Museu de Arte da Pampulha, que serve boa comida e cerveja muito gelada. Com esses dois requisitos básicos, acabou virando ponto de encontro para um público variado, que inclui professores e estudantes da universidade, além de alguns artistas dos arredores e mesmo atletas de fim de tarde da Lagoa. Há naquele burburinho um espectro nostálgico dos tempos do cassino, como se as orquestras cubanas revivessem nos iPods e os cantores de tango chorassem dramas de amor traído pelo *rhythm and poetry*. O local conquistou adeptos pelos seus sanduíches abertos e pela cerveja no ponto, mas serve também pratos variados e oferece uma carta de vinhos honesta. Verinha nunca gostou de lá, menos pela comida, mas porque ficava perto demais da casa de programa onde atendia regularmente. Com seu humor habitual, costuma parodiar o ditado, dizendo: – Onde se dá a carne não se come o pão.

Chegar ao museu contornando a Lagoa, e assim evitando o prosaico trânsito sobre a barragem, ajudava a recriar aquela atmosfera de sonho, de castelo encantado no meio da floresta, que devia estar na intenção do projeto original, quando o cassino, a igreja, o clube, o salão de dança e a própria Lagoa ficavam no meio do nada. Depois da última curva antes do prédio já era possível avistar o *Abraço*, a escultura de Alfredo Ceschiatti no jardim do museu. As duas mulheres no gesto sensual de enlaçarem os corpos deve ter sido um escândalo de proporções inimagináveis à época de sua confecção e colocação à entrada do cassino. As figuras possuem algo das Três Graças dançando à volta da fonte, mas, como falta a terceira personagem, as duas que permanecem não têm como esconder o puro desejo sexual que as envolve, cujo apelo de realidade destrói a carga simbólica e palatável do mito clássico.

— Acho uma delícia esse abraço cheio de sugestões do que virá a seguir — falei, conduzindo os olhos de Elisa em direção às mulheres de pedra e fixando nela os meus próprios olhos. Ela sorriu com assentimento, enquanto descia do carro mostrando as pernas, como a redobrar a mesma promessa presente na escultura.

Atravessamos o hall em direção ao restaurante. Alabastro e aço, peroba-do-campo e vidro, o prédio sintetiza as obras de Niemeyer. O pequeno salão do restaurante avança da parte de trás do prédio em direção ao lago, formando o semicírculo que mantém uma constante atmosfera de *garden party*, sob as sombras das árvores plantadas por Burle Marx. Lugar para champanha em fim de tarde, ao som de Eddie Gormé e Trio Los Panchos, com os homens vestindo *summer jacket* e as mulheres usando vestidos brancos de bolinhas pretas, cintados por faixas de cetim que marcavam os quadris e deixavam os ombros e as costas à mostra.

Somente Elisa lembrava ali o que prometiam aquelas tardes de outono sonhadas noutros tempos. Suas costas nuas e sua luz de enguia mereciam ser fotografadas em preto e branco por Cartier Bresson para serem estampadas na capa da *Vogue*.

A realidade era bem menos convidativa. Àquela hora do dia, os convivas habituais não tinham ainda chegado, o sol alto deixava pouco espaço de sombra, e apenas um garçom atendia dois grupos pequenos, enquanto o aparelho de som tocava um saxofone meloso com pretensões a *light jazz*. Elisa sugeriu a salada de bacalhau, com a aprovação imediata de todos.

— Adoro peixes — disse o psicanalista, provando o vinho que, por deferência, me convidara a escolher. O plural da palavra não deixava claro se ele falava da comida ou do animal.

— Eu também — completou Elisa, com gotas de malvasia brilhando sobre os lábios. — Bem, mas sendo casada com um aficionado pescador, que ainda por cima vive de exportar peixes, seria impossível para mim detestá-los, não é?!

Gostar de peixes significava então uma compensação por ter de aturar um marido que detestava? Ou seria o marido apenas mais um espécime que caiu na sua rede?

— Também gosto de peixes. — Disse eu. — Sou aquarista.

— Aquarelista?

— Não, aquarista, aquariofilista. Gosto de aquários com peixes ornamentais.

— Ah, bom. E gosta de aquarelas, João? — Filogoni fez a pergunta como quem sinaliza que não quer entrar num assunto que não domina.

— Por que aquarelas?

— Se gosta de aquarelas, não pode deixar de, depois do almoço, ver a maravilhosa exposição do Mário Zavagli que está aqui no museu.

De fato, o museu levava uma exposição do grande aquarelista, que havia superado radicalmente a arte-rabisco que impregnara a paisagem cultural desde os anos 1980, reinventando as formas figurativas através do traço minucioso de encantadoras aquarelas imaginadas sobre as paisagens do interior de Minas.

A conversa rodou então pelos caminhos que levavam ao beco sem saída da arte contemporânea com seus rabiscos, suas vacas fatiadas, suas instalações pretensiosas, tão pretensiosas quanto ridículas. Elisa, talvez para me impressionar, fazia coro às minhas aulas no curso de especialização em História da Ciência – onde passávamos da ciência à arte e daí à cultura, sem grande respeito por fronteiras de conhecimento – e repetia que uma nova era de figuração iria suceder a falta de sentido da era das instalações. Filogoni concordava. Para evitar tanta concordância, voltei a espicaçar o marchand no mesmo tom em que ele falara comigo ao mudar de assunto:

— E não gosta de aquários? – Voltei ao tema anterior com a mesma quebra brusca de direção, aproveitando a confusão entre aquarista e aquarelista, entre aquário e aquarela.

Elisa riu da minha aceitação do jogo de provocações. Seu riso era sempre fácil, sua boca sempre convidativa.

— E agora, Jacó? Não foge do assunto não... – Seguiu ela insuflando o amigo.

— Bem, como já disse – respondeu Filogoni, ao mesmo tempo fugindo do assunto –, adoro peixes, mas só no prato ou na tela. Os quadros de peixes possuem, para mim, uma elegância toda especial, como você talvez tenha notado lá na minha galeria.

– Como não notar um Castagneto, quando as galerias todas expõem rabiscos? – Disse eu, enfatizando a palavra *todas*, por pura maldade.

– Aliás, vi no seu livro algumas lindas reproduções de aquarelas de ilustração científica. Como se chama mesmo o ilustrador?

– Meus caros – interveio Elisa –, aquele livro lindo pode ficar para daqui a pouco.

Gentilmente, encheu nossas taças e nos serviu da salada que acabara de chegar.

– Um brinde aos peixes e às aquarelas! – Disse ela, em tom de trégua no jogo de enganos.

A fome e a boa comida calaram por algum tempo a conversa. Entre aprovações ao tempero e goles de vinho, findamos logo o almoço. Depois do café, seguido da cigarrilha fumada pelo Filogoni – não podia faltar essa nota pernóstica naquele tipinho asqueroso –, fomos ver a exposição. Diante de uma luxuriante *Serra da Mantiqueira*, feita em aguadas de intenso verde, com incontáveis variantes de tom, Filogoni voltou à pergunta:

– Como se chama mesmo o aquarelista lá do século XIX?

– Quem? Ah, o que eu mostro no livro?

– Sim, esse mesmo. Como é o nome dele?

Elisa circulava entre as aquarelas como um peixe dentro d'água, deslizando sinuosa pelo mármore e pelo alabastro do salão. Via-se que estava alheada a tudo e a todos. Não via o chão, nem as paredes, nem mesmo as telas, muito menos o meu olhar sobre as suas pernas, as minhas narinas se abrindo para captar melhor o seu perfume. Respondi maquinalmente:

– Você deve estar pensando no Jacques Burkhardt.

– Esse mesmo! – Disse Filogoni, em tom de triunfo. – Ele também pintou peixes?

– Por certo, lá no livro há vários exemplares. – Disse eu, voltando por um momento do delírio de ver Elisa a passear. A frase me deixou com um certo orgulho ferido. Afinal, eu tinha sido o primeiro a publicar algumas das aquarelas de peixes feitas pelo grande ilustrador científico do século XIX. Elas agora estavam digitalizadas no site do Museu de Zoologia, mas eu tinha o mérito de ter provocado aquela redescoberta das imagens.

– Ah, é mesmo – disse ele –, agora me lembro delas. Muito lindas. É que fiquei na memória com a imagem das paisagens, talvez por me lembrarem em beleza estas que aqui estão à nossa frente.

A pele branca de Elisa, coberta pelo curto vestido preto e emoldurada pelos cabelos escuros, lembrava-me a elegância do acará-bandeira, seu corpo platinado e entrecortado de faixas negras a deslizar suave, quase erótico, nas águas do aquário. Elisa dirigiu-se para a porta de saída. Segui-a como um tucunaré faminto segue a caça. Jacó Filogoni veio atrás de nós.

Entramos em silêncio no carro, Elisa ao volante. Já passava das 3:30 h, mas o sol ainda estava quente. Entrei na frente, ao lado dela, Jacó seguiu atrás. Elisa tomou o caminho mais curto para a barragem, que ficava a menos de um quilômetro. Na última curva antes do vertedouro, onde um deck improvisado serve de apoio aos pescadores, e muitos já nadavam na água suja depois do dia de pesca, um deles atravessou bêbado a pista, exibindo um cambão carregado de acarás. Seu sorriso desdentado apontava o cambão como um troféu. Os peixes brilharam no sol da tarde, enquanto o carro fazia a curva do vertedouro e deixava a Lagoa, levando em seu interior o cheiro podre do córrego a jusante da barragem, que empestava o ar já tão carregado com os gases dos ônibus e dos carros que lotavam a avenida.

31 de dezembro, 1865

Faz hoje uma semana que chove quase sem parar. É exasperante não poder trabalhar e ter de passar os dias olhando para o tempo fechado. No dia de Natal a chuva deu uma trégua, para em seguida voltar em torrentes, despejando sobre a terra verdadeiros dilúvios quentes que, não conseguindo amainar o calor, fazem subir uma umidade insuportável durante os poucos momentos em que não chove. Para piorar as coisas, nesses mesmos momentos de ligeira calma, um verdadeiro inferno de piuns, pernilongos e muriçocas de todas as espécies faz da existência por aqui um suplício. Só agora entendi a expressão local que designa o ato de ficar à toa como "matar mosquitos". Não há amor à ciência que resista. Se nos cobrimos, para evitar as picadas, o calor nos entontece. Se buscamos o ar, somos carregados pelos insetos. Melhor a chuva, que ao menos dispersa os algozes.

Há mais de mês que não escrevia nesse diário, usando todo o tempo para as anotações relativas ao trabalho de preparação das peles. Mas aqui volto, em busca de um consolo para essa inércia forçada. Desde o Natal que meus auxiliares não voltaram da Lagoa Santa para o Ribeirão da Mata, retidos pelo álcool e pelos desregramentos que se seguem às festividades de Natal. Na noite da Natividade, ficam todos sóbrios e compenetrados, compostos, tomados pela sua fé tão primitiva e tão cheia de imagens. Mas, uma vez passada a missa de Natal, a compunção dá lugar aos excessos, numa folia embebida pela aguardente, que pode levar, segundo me contaram, vários dias. Há mesmo alguns que assim vão – entre violas, pandeiros, caixas percussivas e chocalhos, todos decorados com fitas coloridas – até o dia 6 de janeiro, quando comemoram a visita dos reis à manjedoura de Belém. Esses entrudos, encarnados apenas pelos homens, são para mim muito estranhos. Vestem-se com roupas coloridas (quase sempre vermelhas), usam máscaras escuras, personificando verdadeiros demônios das florestas, e seguem de casa em casa, de presépio em presépio, cantando melodias repetitivas e sem qualquer harmonia, numa imitação grotesca da visitação dos reis magos, ocasião em que cada parada é motivo de mais álcool e mais cantos. Já me conformei com o fato de que, antes de 6 de janeiro, vai ser difícil tê-los de volta. Também, com toda essa chuva, de nada adiantaria.

No dia de Natal, escrevi a Hannah uma carta em que mencionava o desejo de escrever um pequeno manual prático de taxidermia. O próprio professor Agassiz, na última vez em que nos vimos, antes de nos separarmos no Rio de Janeiro, insistiu em que eu deveria colocar no papel as noções mais importantes sobre a preparação e o transporte de peles, além das práticas consagradas e dos truques ditados pela experiência, capazes de ajudar um jovem preparador a iniciar-se nessa arte, ou nessa técnica, como sempre prefiro denominá-la. Mesmo um cientista, em seu laboratório, muito pode avançar em sua teoria se souber exatamente o procedimento que usou o preparador no trato do material que enviou à gaveta do museu. Acho que está na hora de passar as notas para uma redação mais organizada.

Seria importante falar um pouco das origens da taxidermia, de seu uso desde os egípcios, mestres na conservação de tecidos e na montagem de esqueletos. Mas vou deixar essas considerações históricas e teóricas para quando voltar a New England. Mesmo porque não tenho lá muita paciência para elas. Por ora, quero começar pelo que sei:

Anotações para um Manual Prático de Taxidermia, com discriminação das famílias de instrumentos de trabalho e dos que devem ser usados em cada ocasião; sobre o uso dos espíritos como esclerosantes, assépticos e conservantes; dos passos do processo, desde a caça e a pesca até a montagem final; das técnicas de corte e de esfola; sobre o correto evisceramento; dos mecanismos para curtir as peles; da diferença entre preparação de peles e esqueletos; da preparação diferenciada de mamíferos, aves e peixes; da importância da correta numeração dos elementos preparados; do transporte; da montagem; da conservação de gavetas e de vitrines.

Os objetivos da taxidermia podem ser o laboratório ou a vitrine do museu de zoologia, ou ainda uma coleção de troféus. Mas não tratarei destes últimos, apenas dos trabalhos voltados ao conhecimento, e não à contemplação, ainda que compartilhe da noção de que a beleza está em todos eles, pois, como já sabiam os gregos, a arte é um techné, *uma técnica, e não há beleza sem precisão, o que leva todo ato de precisão a carregar em si mesmo a centelha da beleza.*

Quatro principais famílias de instrumentos devem estar à mão do taxidermista: os escalpelos; as pinças raiadas de ponta fina;

as de ponta larga e reta; as espátulas e curetas. Como acessórios complementares, a mesa deve ter tesouras, colheres, arames, serras, esticadores e presilhas, além de cadinhos, cubas e garrafas de diluição. Cada família de instrumentos deve ter pelo menos três tamanhos de elementos, que serão usados de acordo com o tamanho do animal. Primeiro é preciso saber cortar, para evitar dificuldade na montagem. Nunca se corta o pescoço do animal. Cortes ao longo dos ombros e das axilas, que sigam em direção à cabeça, são os mais sutis, pois podem destruir todo o trabalho, se não forem feitos com precisão. No caso de mamíferos, os aspectos mais importantes são o ponto de corte, a correta esfolagem e o modo de curtir a pele, preservando-lhe tom, brilho, maciez e flexibilidade. A potassa com enxofre, na medida certa, é o melhor preservante para as peles. Em peles para vitrine, cabe deixar intactos os ossos das pernas, para servir de sustentáculo à montagem. Lembro ainda que a pele, depois de retirada toda a carne possível, deve passar por um banho de álcool de até 24 horas, para evitar que sobras de tecido apodreçam o trabalho. O álcool seca e consolida as pequenas sobras de carne que ainda permaneçam na pele. A quantidade de álcool depende da grossura da pele e da maior possibilidade de sobras internas, como no caso dos peixes. Estes devem ser cortados, a partir da cloaca, até a altura das guelras, para facilitar o evisceramento e a descarnagem. Peixes de couro devem levar banhos mais demorados em álcool de alta concentração, como se fossem mamíferos. Aos de escama, uma concentração menor é recomendada. No caso dos esqueletos para uso em laboratório, os ossos devem ser numerados e acompanhados de esquemas – depois de curados em álcool e secados ao sol –, para que, no transporte, não se perca a ligação entre eles.

Já passa das 11 horas da noite. Estou cansado. Por hoje paro por aqui. O céu limpou, e os mosquitos deram alguma trégua. Daqui a pouco será 1866. Um bom ano para morrer. Que pensamento estranho...

29 de junho de 2008, 11 h.

O táxi me deixou na entrada principal do Mercado Central, na Avenida Augusto de Lima. Aquela entrada leva direto aos famosos bares do mercado, onde os consumidores se amontoam no balcão, de pé, em busca das iscas de filé, da cerveja gelada e da cachaça de primeira. O cheiro do vapor de vinagre sobe em círculos de fumaça, atiçando o apetite e a sede de álcool. Pouca gente sabe, mas o segredo daqueles donos de bar para produzir o irresistível cheiro de carne grelhada, que atrai desde cedo os freqüentadores do mercado, é apenas um pouco de vinagre jogado sobre a chapa quente. Impossível resistir. Mesmo antes de seguir para a loja de Eliana, que fica logo no primeiro corredor à direita de quem entra, fui ao balcão. As sacolas se amontoam no chão, entre as pernas dos que já fizeram as compras e as passadas dos que seguem para as bancas, sôfregos para chegar logo a hora de parar nesse santuário dos bebedores de cerveja.

Quando eu era criança, sempre que podia meu pai vinha aos sábados no mercado, cercado de filhos e sobrinhos, para fazer a feira e usufruir da sagrada desculpa das compras para tomar uma gelada no balcão. Naquela época, usava-se sacola de lona para carregar o frango abatido, os molhos de verduras e as laranjas da ocasião. Fazer compras no mercado em sacola de lona era uma forma especial de entender o mundo. A expedição terminava sempre com a compra de um molho de palmas alaranjadas em uma das floriculturas do primeiro corredor, maneira de atenuar a raiva da esposa pelo atraso do almoço e pelo hálito de cerveja misturado com caninha e filé de porco feito na chapa. Esse corredor de floras era também o lugar dos peixes de aquário. Minha memória sempre guardou lado a lado as palmas alaranjadas e o *Carassius auratus* – o japonesinho, o peixinho dourado proveniente da China que é quase sinônimo de aquário. Acho que vem daí a minha aquariofilia.

Depois do vômito de cachaça que fiz às seis e meia da manhã, achei melhor ficar só na cerveja. O primeiro copo duplo desceu estupendo, num gole só. Entre o primeiro e o segundo, um bife acebolado refez as pazes entre o estômago embrulhado e a cabeça doída. Antes que desse vontade de pedir uma cachaça, mas já babando por ela, paguei rapidamente a conta, emborquei o último copo e fui para a Aquariana.

A loja estava lá desde que eu era criança, mas com certeza não tinha esse nome. O pai de Eliana morrera jovem, a mãe vivia doente, e ela, ainda mocinha e filha única, acabou se vendo herdeira dos aquários e das flores. Não tinha nenhuma paixão pelo curso de História que iniciáramos juntos – mesmo sendo ela um pouco mais velha do que eu – e não achou de todo ruim ter de mergulhar naquele mundo dos peixes ornamentais. Gostava mesmo de astrologia, de búzios, de tarô e de toda a sorte de mandalas adivinhatórias que pudesse colecionar. Seus primeiros amigos no mercado eram os freqüentadores das lojas de umbanda que existem no mesmo corredor. Mas acabou por se afeiçoar aos acarás, ciclídeos, bettas, guppies, mbunas e outros peixes e por tornar-se uma exímia conhecedora desse imenso mundinho submerso. Acho que, um pouco por nostalgia de sua primeira paixão, a astrologia, juntou seu nome ao dos produtos que vende, e assim chamou a loja de Aquariana.

Eliana era branquíssima e loiríssima, daquele loiro que faz sobrancelhas e cílios sumirem sobre a pele, tornando ainda mais estranhos os miúdos olhos azuis. Um perfeito bicho-de-goiaba. Nos tempos de faculdade, passou por todas as modas transcendentais, de Rajneesh à somaterapia, da biodança ao Santo Daime, mas nunca deixou de fumar, talvez para contrabalançar a fúria natureba. Chegou a ser cozinheira macrobiótica, daquelas de comer só arroz integral frito acompanhado de dente-de-leão e gersal, com farta ração de alho cru nos intervalos, o que não durou muito, para o bem dos seus atrativos sexuais. Quando suava, recendia a alho. Mesmo assim, eu e muitos outros tínhamos um tremendo tesão por ela. Mas nunca deu certo, nem comigo, nem com outro. Não se fixava em ninguém. Gostava de sexo, mas se atormentava demais. Talvez a responsabilidade trazida pela morte do pai, talvez a crônica doença da mãe, o fato é que ela com tantos interessados acabou ficando só, e acho que gosta de viver assim. Bem, somos todos um pouco assim. Penso que é geracional. Desde que levei o Pacheco à sua loja, há alguns anos, os dois têm um namoro estável: juntos para o bom da vida, cada um no seu canto nas horas mais sórdidas. Passam às vezes meses desligados um do outro, para em seguida passarem outro tanto agarrados como alevino em boca de acará.

Atravessei rápido o corredor colorido de frutas, gaiolas, umbandas e flores e mergulhei no recanto dos aquários, com seu poder de silêncio em meio à balbúrdia dos feirantes. Àquela hora, Eliana já havia dispensado a ajudante e estava sozinha na loja. Não sabia o que iria dizer, ou mesmo se iria contar o acontecido. Melhor não. Abrir os fatos seria criar uma cadeia de elos que iria se voltar sobre mim. Ela me recebeu sem mencionar os acontecimentos da noite anterior, com a naturalidade de sempre, o sorriso expressivo dos olhos que piscam e se aguçam, enquanto a boca mal movimenta os lábios.

– Os bandeirinhas estão com fome?

– É, acabou minha ração.

Seus olhinhos matreiros não denunciavam qualquer apreensão, e vi logo que ela ainda não sabia de nada. Com certeza o corpo já teria sido encontrado, mas talvez ainda não identificado. Quando finalmente dessem pelo peixe grande, a notícia iria explodir nas rádios populares: "Industrial exportador de peixes é encontrado morto na Pampulha, bem perto de sua mansão! Polícia procura por qualquer pista que leve aos criminosos". Talvez desse na TV mais à noite. A julgar pelo sorriso de Eliana, por enquanto nada havia circulado. Aproveitei a fome dos acarás para manter o assunto a distância:

– E você, não está com fome? Vim para o Mercado pensando em te arrastar para o Mesa Farta. Topa?

– Só se for para comer aquela black tila que o Wellerson faz com tanto primor – disse ela movimentando as narinas, seu gesto característico de prazer.

– Quem faz é a Dona Cleusa – contestei em tom de brincadeira.

– Claro, mas a invenção foi dele.

– E a mão de ouro no tempero é a dela.

– Bem, ficamos assim, trata-se do acertado casamento entre teoria e prática. Me ajuda aqui a alimentar essa fileira de aquários que depois nós vamos. Mas, agora, olha bem para essas lindezas aqui – disse ela apontando os aquários para onde nos dirigíamos – e me diz uma coisa: já que seus bandeirinhas e disquinhos estão com fome, cansados da sua cara, que tal aproveitar e vir para o mundo dos ciclídeos africanos? É o maior vexame você ainda não ter feito uma expedição ao Malawi!

Como muitos aquaristas, Eliana era agora uma aficionada dos ciclídeos africanos, sobretudo os que vinham do Lago Malawi e do Tanganika. A chegada ao mercado, nos últimos anos, desses espécimes da família dos *Cichlidae* gerou uma verdadeira transformação na vida dos aquariofilistas. As mais de cem espécies originárias somente do Malawi formam verdadeira paleta de cores e formas. E o mais encantador, dizem os apaixonados, é que esses peixinhos têm o poder de reconhecer o dono e podem ser treinados para atender aos chamados do seu criador, resolvendo assim uma velha frustração que diferenciava os aquaristas dos criadores de cães e de gatos. Doravante, nenhum dono de peixe sentiria constrangimento porque o seu bichinho de estimação não pulava no seu colo para ver televisão ou não lambia seus pés ao amanhecer. Já era possível imaginar a dona do aquário exibindo os malabarismos do seu nervoso *Melanochromis auratus* na hora da comida e repetindo à vista dos embasbacados visitantes: "Good boy! Good boy!", como faz qualquer garoto de filme americano dirigindo-se ao Rex. Valia por cem lambidas de cachorro! Nunca suportei esses acessos amorosos entre gente e bichos de estimação e, por isso, fugia dos ciclídeos africanos e da sua cultura pet. Talvez por isso mesmo sempre tenha preferido peixes em vez de cães e gatos. Gosto do silêncio e do isolamento dos peixes no tanque.

– Sabe, Eliana, é que prefiro meus acarás aqui da Amazônia mesmo.

– Você é um xenófobo, um nacional-chauvinista – retrucava ela em tom de provocação, mas já à beira da gargalhada. Nacionalismo aquariofilista seria o cúmulo, e ela sabia que essa classificação não colaria nunca em mim. Mas não perdi a chance de retrucar e fazê-la rir:

– Errou! Você sabe que sou cosmopolita. Só que não agüento esse papo de afrodescendentes, sobretudo aplicado ao meu aquário.

Eliana explodiu em gargalhada. Ficava sempre muito sensual sorrindo, mas nossa relação nunca ultrapassava esse ponto, retida por uma tensão no ar. Ela logo seguiu com o assunto dos ciclídeos:

– Olha só esse *Altalamprologus calvus*, não é lindo? – O instinto maternal brota mesmo de qualquer lugar, pensava eu. Eliana olhava o zebradinho como quem olha um filho no berço. A ironia era o único remédio:

– Ele me parece mais um bonsai de tucunaré.

– Você está zombando, mas sabe que é isso mesmo. O tucunaré, os acarás do seu aquário e os da Pampulha, além das tilápias que o magnata do Ascânio Guedes exporta e que o Wellerson serve no mercado, todos eles são parentes desse meu amiguinho ciclídeo africano aqui.

Meu gosto pelos aquários estava nas cores e nos movimentos. Nunca me interessei demais pelos dados técnicos dos peixes, ao contrário da Eliana, que adorava chamar a cada um pelo nome científico e era apaixonada pelas explicações zoofílicas e zoomórficas. Mas agora era a hora de eu me interessar. Pressentia que ali estava a chave para o recado do assassino, transmitido através do corpo dilacerado de Ascânio. Eliana, com toda aquela conversa, me dava a chance de perguntar, sem levantar suspeitas, sobre os dados do acará, que eram confusos nos textos de Agassiz e de Sceva:

— Me diz uma coisa, Eliana: existe mesmo esse negócio de que os acarás chocam os ovos na boca e fazem os alevinos crescer ali?

— Você fala dos bandeira e dos discos?

— Pensava mais no cará-cascudo que dá lá na Pampulha e que vejo o povo pescando todo dia quando vou correr. Agassiz dizia que os ovos passam diretamente da barriga do peixe para a boca, apesar de os nativos, na época, contestarem o cientista.

— Bem — disse ela —, Agassiz acabou misturando dados sobre o acará, sobretudo por comparação com o comportamento de outras espécies da família. Nidificação bucal é muito comum entre os ciclídeos. Na maioria das vezes sob responsabilidade da fêmea, mas às vezes também aos cuidados do macho. Mas não tem essa história de que os ovos passam diretamente para a cavidade. Normalmente, a fêmea põe os ovos numa área limpa do fundo. Daí vem o macho e fecunda. Ela então recolhe na boca os ovos fecundados e os mantém em torno de 21 dias. Na maioria das espécies da família a nidificação e o nascimento dos alevinos se dá dessa forma. Olha só aqui o amarelinho — e ela apontava para o *Labidochromis caeruleus*, estrela do Malawi, que estava entre os mais populares dos ciclídeos africanos —, com ele acontece exatamente assim.

— Quer dizer que aquele chifre na cabeça do acará não tem nada a ver com nidificação?!

– Claro que não! Vê aqui o cabeçudo? – Dessa vez ela mostrava o chamado "rei do Tanganika", a *Cyphotilapia frontosa*, um carazão de uns trinta centímetros de comprimento. – Tanto o macho quanto a fêmea têm essa protuberância. A diferença no macho é que a dele se apresenta mais desenvolvida, sobretudo na época do acasalamento. Trata-se de uma forma de chamar a atenção, coisa de macho pavoneado, como você bem sabe.

Suas últimas palavras tinham o tom exato da gozação, uma forma de descontar o constrangimento de uns minutos antes. Enquanto falava, colocava a mão cheia de comida na superfície da água, e o carazão vinha comer na sua palma, tal como um cãozinho dócil. Estava ali o porquê da fama dos ciclídeos africanos. Não dei bola para os seus comentários e segui com as perguntas:

– Mas o cará também tem sempre esse chifre?

– Bem, você está pedindo uma aula, então vai ter. – Ela tomou ares professorais, com o intuito deliberado de fazer mais chacota. – O acará-diadema, que os ictiologistas conhecem como *Geophagus brasiliensis* e o povo chama de acará-ferreiro, acaraí, acará-topete, papa-terra, ou simplesmente de cará, e às vezes de cará-cascudo – por causa de seus espinhos dorsais –; e outras vezes de acará-pitanga ou acará-preto, dependendo se sua cor é vermelha ou escura; e outras vezes ainda é conhecido por acaraçu ou apaiari, quando se mostra da maior espécie da família, e por tantos outros nomes que continuamente se inventam e misturam – entre eles o de tilápia, por confusão com outra espécie de ciclídeo, o *Oreochromis niloticus*, a tilápia verdadeira, que chega a pesar 5 kg –, pois bem, esse carazinho que dá lá na Pampulha, e em qualquer lugar do Brasil, coloca os ovos em um ninho no fundo do lago ou do rio, onde eles nidificam.

Como a maioria dos ciclídeos, entretanto, ele guarda os filhotes na boca a qualquer sinal de perigo. A saliência na cabeça do cará macho só aparece na época do acasalamento, desaparecendo depois. Trata-se de um peixinho muito brigão e territorialista. Território e defesa violenta do que lhe pertence são as suas características.

– Trata-se de um patrimonialista!

– Bom, acho que se pode dizer que sim. Mas por que, de uma hora para outra, quer saber tanto do acará? – Disse ela farejando coisa.

– Curiosidade. – Disfarcei eu. Se ela engoliu não tenho certeza. Só sei que aquelas palavras ficaram na minha cabeça: território e violência, defesa radical do patrimônio.

– Vamos almoçar então?

– Vamos – disse ela –, o Pacheco já deve estar lá bebendo cerveja.

A frase tinha algo de escudo, como a dizer que não era dia para flertes de nenhuma ordem. Rapidamente fechou a loja. Enveredamos pelo labirinto de corredores, cruzando o mercado de um lado a outro, na direção do Mesa Farta, em busca da black tila, carro-chefe do cardápio.

06 de maio de 2008, 16:00 h.

Depois de deixar Filogoni na porta da galeria, Elisa deu rumo ao carro sem a menor vacilação, como se tivesse certeza do que iria fazer e do que estava para acontecer. Não me perguntou nada. Quando Jacó desapareceu na porta da galeria, ela apenas sorriu, sem qualquer excitação extra, e entrou no tráfego da avenida, senhora de suas decisões. Seguimos em silêncio pelos pouco mais de quinhentos metros que nos separavam da entrada da universidade. Já dentro do campus, ela retomou a conversa com um falso muxoxo, misto de dengo e atrevimento:

– Até hoje não sei onde é o seu gabinete...

O movimento de suas pernas, no vai-e-vem do controle do carro, fazia com que o vestido ficasse ainda mais curto, exibindo as coxas e exalando um delicioso cheiro de pele fresca que parecia subir diretamente da sua boceta para o meu nariz. Embriagado por aquele aroma, mantinha meu olhar fixado na linha do vestido – torcendo para que uma freada brusca subisse de vez aquele véu –, quando a súbita frase tocou os meus ouvidos e o sorriso maroto de Elisa estampou no rosto a zombaria por me pegar naquela pose de cachorro em frente ao assador de galetos. Apanhado em flagrante demonstração de desejo, achei melhor não disfarçar, não recuar embaraçado, e sim seguir em frente:

— Posso te mostrar o que há lá, desde que você convide também as suas pernas para virem juntas. — A frase foi acompanhada, em ato contínuo, do gesto de levar a mão à sua perna. Sem deixar um segundo de sorrir, ela retirou delicadamente a minha mão e apenas tocou levemente com as pontas dos dedos a minha palma, quase da mesma forma que já fizera no nosso primeiro encontro. Em pouco tempo descobri que aquele era um gesto muito seu, um modo particular de expressar desejo e confiança. Há uma variante da mesma atitude, apenas que mais delirante, porque feita com os lábios. Trata-se de um beijo leve, em que ela simplesmente roça os lábios nos meus, demoradamente, com os olhos fechados. Não se trata de carinho, nem desses famosos selinhos que andam na moda por aí, mas sim de uma enorme concentração de energia, de tesão, de eletricidade, cuja carga se concentra em minúscula área de pele. Nas primeiras vezes em que ela me beijou assim, tentei, sôfrego, dar seqüência ao desesperado beijo. Mas ela sempre repelia o gesto e dizia: "Calma. Sinta a delícia desse beijo longo e leve que não se completa". Com aquele toque dos dedos na palma da minha mão, ela neutralizou minha ânsia e retomou a rédea da conversa:

— Você também pensa assim?

— Assim como?

— Você disse que me mostra seu gabinete se eu convidar minhas pernas para irem conosco. Você também pensa assim, que certas partes do nosso corpo parecem ter uma vida independente, de modo que é preciso conversar com elas, convencê-las quando necessário, atender aos seus desejos, evitar contrariá-las, sob pena de sermos traídos por seus caprichos?

— Bem, Elisa, se você fosse um homem eu não me espantaria com esse seu raciocínio. Afinal, essa é uma cotidiana experiência masculina. O espantoso é encontrar uma mulher que entenda isso.

— Como assim "uma cotidiana experiência masculina"? De que você está falando? — Ela se divertia com a conversa, enquanto manobrava o carro já no estacionamento da faculdade. Se ela desejava ouvir a palavra, não me fiz de rogado:

— Falo do pau, naturalmente, do cacete. — Ela explodiu numa gargalhada maravilhosa e retrucou minha afirmação:

— Quer dizer que todo homem tem essa experiência com o próprio pinto?

— Com certeza, e você sabe bem disso. — Falei em tom provocativo, para testar até onde ela levaria aquela brincadeira. Na verdade eu já não me continha de vontade de agarrá-la ali mesmo, dentro do carro, no meio do pátio de estacionamento, entre uns poucos estudantes que circulavam no intervalo das aulas da tarde e os funcionários que deixavam o serviço depois de bater o ponto às quatro horas. — Conversa, convencimento, desejo, contrariedade e capricho são variantes onipresentes na relação entre um homem e seu pinto.

— Quer dizer que se ele não quiser, não adianta você querer... — Elisa não parava de rir. Acabei contagiado pelo seu riso largo:

— Isso mesmo, mas o pior é quando ele quer, e eu, não. Nesses casos a gente sempre sabe que vai dar merda, mas acaba seguindo os caprichos dele.

— E você sempre sabe quando vai dar merda? — Ela fez a pergunta enxugando as lágrimas dos olhos, mas ainda engasgada com a gargalhada.

— Acho que sim, mas não adianta nada, ele é quem manda. E você, de que partes do corpo falava?

— Às vezes acho que minhas pernas me levam para onde querem, minha boca faz gestos que eu não queria ou não previa, meus olhos se fixam sem que eu possa controlá-los.

Em meio às gargalhadas e aos ditos de duplo sentido, chegamos à minha sala. Meu gabinete fica no último andar, com vista para a mata no fundo do prédio. Àquela hora não havia ninguém nos gabinetes à volta. Os funcionários já haviam fechado os guichês das secretarias, abusando do horário de trabalho, e não havia professores ou estudantes pelos corredores. O sol já baixo projetava sua luz sobre a matinha, e uns fiapos de nuvens começavam a se alaranjar pelos lados do nascente. A sala estava escura, e essa luz difusa nos tomou assim que entramos. Entrei na frente e deixei que ela decidisse se a porta seria fechada ou não, enquanto ia até a janela conferir aquela luz invernal brilhando no morro e tornando mais densa a penumbra da sala. Ouvi atrás de mim a porta se trancar e a chave rodar na fechadura. Quando me virei, Elisa largou no chão sua bolsa, ergueu a cabeça, entreabriu os lábios e levantou o vestido até a altura da cintura, apenas para me mostrar que estava nua por baixo. Um perfeito triângulo escuro se exibia cercado pela luz da pele imaculadamente branca de sua barriga e de suas coxas, salpicada aqui e ali por minúsculas pintas douradas. Tonto de desejo, diante daquela visão, ameacei balbuciar alguma coisa, mas ela me cortou a fala com o gesto de colocar o dedo indicador sobre os próprios lábios e com a frase que deles saíram em seguida, dirigida mais a si mesma do que a mim:

— Então vamos ver se esse caprichoso aí quer o que eu sei que o dono quer...

Ela puxou uma cadeira, sentou tranqüila à minha frente e me empurrou carinhosamente para trás, de modo que eu ficasse de pé encostado à mesa e à mercê de sua boca e de suas mãos. Arriou as minhas calças e me deixou paralisado ante o que estava para acontecer. Ao final, sem uma palavra nos lábios iluminados, levantou-se, recompôs o vestido e o sorriso, virou as costas e saiu, deixando no ar o perfume bom de protetor solar misturado ao cheiro acre de esperma, cheiro de peixe fresco dando rabanadas antes de morrer afogado no ar fresco da tarde.

Lagoa Santa, janeiro...

...Hannah, Hannah, Hannah! Onde está você, Hannah? Oh, que horrível! Me ajuda, Hannah, me ajuda! A pirarara nada atrás de mim, não tenho como fugir. Não! Não! Socorro! *Phractocephalus bicolor*! *Phractocephalus*! Oh, meu Deus, o horror da boca enorme, a boca, a goela negra! Não agüento mais mais mais *phractocephalus* fugiu do papel e se apoderou de mim me leva para o fundo na boca na goela fugiu do papel da aquarela monsieur Burkhardt desenhou o monstro Hannah o monstro preto e amarelo Hannah minha cabeça dói minha cabeça está rachada em duas dela saem alevinos de acará vou engasgar vou engasgar ooohhh... Estou vomitando acarás, acarás esverdeados e listados na minha boca, alevinos criados na minha cabeça em fuga do monstro. Ronco de bugio, de jaguar, de pirarara, ronco de moscas, zumbido dilacerante de dentes em meu crânio, oh meu Deus!...

Estou tremendo, Hannah, devo estar com febre... Que horas são? Que dia é hoje? Meu queixo bate. Sinto a mandíbula do monstro na minha carne. Seu estilete arranca a pele das minhas costas, oh, que dor horrível! Tenho tanto medo, tanto medo... Tatu, tatu, jaguar, macaco, mico, Lund *geophagus*, nãããõoooooo! Oh, meu Deus, oh meu Deus! A pirarara ronca, Hannah. Sei que estou delirando, que não pode ser verdade. Não há *Pchractocephalus bicolor* por aqui, ficaram todos no grande rio. São todos do grande rio. Então, por que estão aqui agora, me perseguindo? O acará esconde os filhotes na boca, com medo da pirarara. Quero me esconder também, Hannah, quero entrar na boca do *geophagus*, quero virar terra. Prefiro virar terra a ser comido vivo. Oh, acará, me protege do mostro! Me abriga em sua boca cerrada, me agasalha, alevino em desespero.

Lund é o macaco. É isso: Lund é o macaco evoluído! Velho carcomido, desgraçado! Mosca varejando meu sangue que corre. Ronca, ronca, ronca. Pára! Ai, minha cabeça, ai minha cabeça! Meu crânio não pára de rachar, Hannah. A aquarela, sim, a aquarela. Devo destruir a aquarela. O horror mora na faixa amarela do monstro... As aquarelas são tudo, Hannah. Tudo está nas aquarelas. Esse mundo perdido é uma aguada. Aí vem ela nadando, roncando, aí vem a pirarara, me arrasta pela boca, sinto o meu sangue escorrer da ferida na boca, fui fisgado, Hannah, fui fisgado, socorro!...

Oh, meu Deus, preciso me concentrar. Tudo isso é apenas febre, apenas febre. Estou suando muito, Hannah. Faz frio nesta noite, mas estou suando muito. Minha carne toda fede a escamas. Preciso de álcool. Oh, o éter, o éter. Isso, o éter. Embeber um trapo sujo de sangue e tripas em éter. Onde está o éter? Rápido, Hannah, me dê o éter. Vou afogar de éter o ronco da pirarara. Vou destruir essa aquarela maldita que invadiu meu crânio fracionado. Vou salvar os alevinos do acará, vou... É só febre, só febre.... Isso, isso, ii–sssssss......sssssssss......

08 de maio de 2008, 14 h.

– Meu caro, comi a Elisa! – Pacheco nem levantou a cabeça, concentrado que estava no mecanismo do lago artificial em que vinha trabalhando nos últimos tempos. Entrei espavorido pelo laboratório, com uma excitação de adolescente, enquanto ele continuava as suas medições de vazão.

Júlio Pacheco era ictiologista por formação e por paixão. Nasceu em Santo Antônio do Rio Abaixo, no Alto Rio Doce, e cresceu vendo o Rio Santo Antônio fazer as suas curvas de água fria, atravessar pequenos cânions emparedados de rocha, deslizar sobre lages escuras, de onde os tarrafeiros tiram ainda hoje os cascudos e as corvinas, de onde as linhadas fazem saltar dourados e correr andirás, e as pindas ferram os famosos surubins do Doce. O Santo Antônio, o Guanhães, o do Peixe, o Tanque, toda essa trama de águas cristalinas forma para ele uma rede sobre a qual descansa o seu espírito inquieto.

– Quando a vida aperta – costuma dizer ele –, acampo durante uns dias na Brejaúba, e todas as preocupações se vão.

Refere-se ele ao cânion da Brejaúba, a uns 15 km a montante das corredeiras da cidade de Ferros. Para quem segue pela BR-120, basta tomar a estradinha beira-rio, à esquerda, uns 2 km antes da ponte do Santo Antônio, e seguir por mais uma légua. Trata-se de um dos lugares mágicos da sua memória afetiva:

– Ali apanhei meu primeiro andirá, quando tinha menos de cinco anos de idade.

Ainda nos tempos da graduação em Biologia, Pacheco entrou um dia no Laboratório de Ictiologia do Instituto de Ciências Biológicas, repleto de tanques e peixes, e de lá nunca mais saiu. Sua área de conhecimento específica foi desenvolvida no mestrado e no doutorado, quando se fixou no impacto da introdução descontrolada de espécies exóticas nos lagos de Minas Gerais. Data dessa época a sua amizade com Gustavo Veloso, o guru dos ictiologistas. Ao lado do velho sábio, Pacheco tornou-se um ferrenho opositor daquela prática. Quando criticado, tachado de conservador, responde ele:

– Conservadorismo não, conservacionismo! Se, por erro de manejo, esses tucunarés e essas tilápias passam aos rios, o desequilíbrio não terá volta! Não vai sobrar uma piaba pra contar o caso.

No momento, entretanto, ele se dedicava a um estudo eminentemente teórico e não tomava como base a conformação física ou as características hidráulicas de qualquer trecho específico de rio. Seu objetivo era o de criar um algoritmo que, partindo de características hidráulicas e limnológicas dadas (velocidade da água num trecho de rio, profundidade, taxa de oxigenação, temperatura, pH, etc.), fosse capaz de prever as modificações de todos aqueles parâmetros a partir da transformação do mesmo trecho de rio em lago. A necessidade de prever e controlar essas mudanças era fundamental, em qualquer projeto de geração de energia, com vistas à preservação dos peixes. A aplicabilidade dos possíveis resultados da sua pesquisa seria imediata, uma vez que a construção de um modelo teórico das conseqüências de intervenções com modificação de vazão pouparia aos investidores boa parte das enormes somas de dinheiro necessárias aos estudos de impacto ambiental, agilizando assim os processos de licenciamento, ao mesmo tempo em que tornariam mais eficientes as negociações políticas com os cada vez mais poderosos *lobbies* ambientalistas. Obviamente, dizia ele, sua hipótese não dispensaria nunca as medições e cálculos reais, mas daria aos envolvidos nos projetos hidrelétricos um excelente instrumento de trabalho.

— Elisa? Que Elisa? De que diabos você está falando?

— Estou falando da minha aluna deliciosa, de quem já lhe falei outro dia.

— Eh, sujeito safado!... Eu aqui trabalhando, pensando em coisa séria, e você só na sacanagem. Lembro de você ter mencionado qualquer coisa, mas não guardei nada. Tá bom — disse ele, com falso ar de resignação — conta tudo. Afinal, fazer sem contar não tem a menor graça.

— Pois estou dizendo que trepei com a Elisa, a dona da boca mais sensual dessa cidade. Aliás, trepei não, fui engolido por ela. Rapaz, que loucura!

— E onde foi isso?

— Aqui no campus, lá na minha sala, anteontem no fim da tarde.

— E quem é ela, afinal? — Pacheco parecia totalmente esquecido de que, desde a primeira vez em que vi Elisa e comentei a seu respeito, ele já me havia dito que a conhecia, pois tinha trabalhado no projeto industrial do marido.

— Já te disse. Uma aluna do curso de especialização. A idade não sei direito. Pode ter bem mais de 30, mas parece ter uns 25, de tão linda. Você até disse que conhece o marido e o projeto de piscicultura que ele tem.

— A mulher do Ascânio Guedes? — O seu semblante se tornou fechado, como se tivesse finalmente entendido o que eu dizia, num lance de clareza do qual não pareceu gostar nem um pouco.

— Ela mesmo. O marido não deve dar conta do recado, preocupado em ganhar dinheiro. Moram aí numa mansão do bairro São Luís.

— João, você tem idéia de quem são essa mulher e o marido dela? — Pacheco perguntava, mas não tirava os olhos do fluxo de água que passava à sua frente. Seu esforço de fixar os olhos na máquina hidráulica me pareceu uma estratégia para não demonstrar a exaltação que seu semblante sombrio denunciava. Para quem olhasse de fora, como eu, o engenho parecia apenas uma dessas fontes decorativas, alimentada por um tanque fixo e movida por um motor que faz a água circular, com a diferença de que esse exemplar possuía uma escala muito maior. Depois de passar por diversas corredeiras e remansos, de variadas conformações, a água se espraiava numa espécie de lago, que criava um largo espelho, antes de ser retomada pelas bombas e jogada novamente no início da corrente.

— E eu sei lá do marido! Só sei que ela é uma safada maravilhosa!

Se antes havia ainda certo ar de concupiscência e humor na sua atitude, agora ele desaparecera completamente. Pacheco desligou o experimento e voltou seus olhos para mim.

— Você conheceu essa mulher há menos de um mês e já rolou tudo isso?

— É chato ser gostoso, né?!..

— Deixa de ser pateta! Cuidado para não entrar numa fria.

— Porra, Pacheco, você está é com inveja! Não fiz nada de errado. A mulher simplesmente deu mole e eu ganhei. Só isso!

— Você se acha o máximo mesmo, né?! Ainda vai acabar se dando mal.

— Então diga: que há de errado com a Elisa?

— Que eu saiba, nada. Mas com gente poderosa não se brinca. — Lá vinha de novo o Pacheco com as suas paranóias. Ambientalista é mesmo uma raça de reacionários, cheia de teorias conspiratórias. Com um olhar um tanto perplexo, continuou ele a inquirição:

— E como foi que isso aconteceu?

— Bem, terça-feira, pouco antes do almoço, decidi finalmente visitar aquela galeria de arte lá em baixo, na travessa da Rua Dias Bicalho. Quando cheguei, dei de cara com ela de papo com o marchand, aquele tal Jacó Filogoni, de quem você não gosta. Mas isso não é mérito pra ninguém, não é?! Afinal, você não gosta mesmo de ninguém. — Ele abanava negativamente a cabeça, não para negar minha frase, mas numa clara demonstração de verdadeiro desalento. — Acabamos indo os três almoçar no Terraço, esticando a conversa na galeria do museu. Voltamos no carro dela. Deixou o Jacó na galeria. Daí viemos até o campus e rolou a chupada mais maravilhosa de que me lembro nessa minha vida de safado. — Tentei dar uma nota de humor, mas ele parecia decidido a me recriminar.

– Tá vendo? Ela é amiga do Filogoni. Tinha de ser. O marchanzinho sabe onde mete o nariz de falso sefardita. Já te disse quem é esse cara, João. Se ela está metida com ele, pior a imagem que faço dela.

– Porra, Pacheco! O cara é veado. A chance de ela estar "metida" com ele é zero! – Dei ênfase na palavra "metida", para desqualificar o mal humor do meu amigo.

– Vai rindo, vai rindo. Depois não diga que não avisei.

Decidi baixar a guarda e ouvir o que meu caro amigo paranóico tinha a dizer. No fundo sabia que não passava de delírio, mas o Pacheco era assim mesmo. E mesmo com toda a sua prevenção contra o mundo, ele era sem dúvida o meu melhor amigo. Criar uma desavença com ele, mesmo por causa de um monumento como a Elisa, não valia a pena.

– Pois então diga. Diga tudo o que pensa.

– Bem, se você está disposto a ouvir, então ouça. Já te disse que trabalhei no Tilápia Viva, o projeto de piscicultura que o Ascânio Guedes tem lá em Senhora do Carmo. Quem me levou foi o doutor Gustavo. – Era assim que a maioria das pessoas, sobretudo os discípulos, tratava Gustavo Veloso. – Na época, eu fazia doutorado, e a implantação do Tilápia foi parte central da minha pesquisa. Ajudei, com meu trabalho, a desenvolver, sobretudo, o manejo dos alevinos nos tanques. Até aí, tudo ótimo, porque, sendo um projeto comercial, o que o Guedes menos queria era perder estoque. Por isso, o controle dos lagos de crescimento era rígido, sem a menor chance de contato entre as tilápias e as espécies nativas da região. Doutor Gustavo sempre bateu na tecla de que mais vale ajudar a manejar do que criar enfrentamento. Essa regra constituiu a base do meu apoio àquele empreendimento, como, aliás, em todos os outros de que tenho participado. Agora mesmo, aqui neste experimento, quero desenvolver condições para diminuir o impacto das pequenas unidades de energia que, queiramos nós ou não, vão acabar sendo implantadas lá na minha Brejaúba, no Sumidouro, em Quinquim e em outros lugarejos do Santo Antônio, do Guanhães e do Rio do Peixe.

Pacheco, como muitos outros ambientalistas, tinha obsessão com o Alto Rio Doce. Essa fixação vinha, sem dúvida, do fato de que a bacia do grande rio fora uma das mais densas florestas do Brasil e, agora, depois de um século de exploração de madeira e ferro, constituía uma das áreas mais devastadas do país. O relator da expedição de Agassiz, que visitou a região em 1865/1866, deixou anotada a imponência da floresta, em trecho que Pacheco sabia de cor e que adorava repetir, como se repetisse poema ou mantra, bastando para tanto um gole ou dois de cachaça: *Em parte alguma do Brasil, nem mesmo no Pará, vi uma floresta mais exuberante do que a do Doce. As árvores todas ligadas por lianas, e reunidas a uma densa vegetação secundária de palmeiras e arbustos, curvam-se para o lado das águas e estendem seus ramos sarmentosos sobre o rio, como se desejosos de ar e de luz.* A parte ainda preservável das águas que formavam o Doce vinha das fraldas orientais da Serra do Cipó, e por isso assitia-se àquela verdadeira guerra dos ambientalistas contra projetos tais como o Tilápia Viva ou as unidades de geração de energia que as Centrais Elétricas de Minas Gerais queriam implantar na região, em consórcio com empresas estrangeiras. Todos esses projetos usavam justamente aquelas águas, e esse era o centro da discórdia.

– Ok, Pacheco, mas o que isso tem a ver com a Elisa?

— Vai ouvir ou vai ficar interrompendo e fazendo gracinhas? — Com um certo muxoxo, retomou a explanação, depois que eu assenti calado. — O que nem eu nem o doutor Gustavo sabíamos, à época, é que o Guedes iria implantar, ao lado do projeto industrial, o empreendimento turístico, para o qual a nossa opinião não foi pedida. A criação do lago artificial para pesca esportiva não previa as devidas barreiras entre as águas do Córrego do Boi e as do Rio Tanque, onde ele deságua. A idéia era exatamente povoar o lago com as espécies que sobem o Tanque desde o Santo Antônio, fixando-as no lago através da oferta de alimentação abundante. O efeito derivado seria um aumento da população ictiológica do sistema que inclui o Tanque, o Santo Antônio, o Preto, o Guanhães, o Rio do Peixe e até mesmo o Rio do Girão, tão sacrificado em Itabira e Santa Maria. O atrativo turístico seria antes de tudo o apelo ecológico, uma vez que o pescador não iria se sentir num pesque-e-pague, mas num ambiente natural. O projeto copiava, de certa maneira, as idéias dos Rockfeller no Beaverkill Creek, na região dos Catskills, ao norte de Nova York, que serviu de modelo para o Ascânio Guedes. Não por acaso o mesmo apelo ao *catch-and-release*, ao pega-e-solta, foi difundido pelo Tilápia Viva, assim como foi imposto pelos donos do Beaverkill Creek.

— Bem, até aí — interferi eu — parece que o cara merece uma medalha conservacionista.

— De fato — retrucou Pacheco —, não fosse o fato de que o apelo esportivo dos clientes, pouco interessados em conservação e manejo, pressionou pela adição de tucunarés ao lago. Em alguma medida, essa pesca era, e ainda é, uma paixão confessa do Guedes. As notícias que se têm é de que, ao introduzir os tucunarés, foram criadas as barreiras corretas no lago artificial, mas o controle da situação não passou por nenhum projeto técnico coerente. Pelo menos não passou pela mão de ictiologistas experientes, ficando a cargo de funcionários de fazenda. Tem gente que quer matar o Ascânio Guedes por causa disso.

– Mas não cabe uma denúncia?

– Muitas foram feitas, mas o Guedes tem amigos poderosos, sobretudo na política. Está aí o deputado Severiano de Almeida que não me deixa mentir. Se os tucunarés escaparem do lago, em direção aos cursos d'água, não vai sobrar um andirá, predador com o mesmo instinto do tucunaré, mas só que muito mais frágil. O pessoal aqui do departamento, que estuda o andirá, está em pé-de-guerra com o Tilápia Viva.

Ao falar do peixe-emblema das lides ambientalistas do Alto Rio Doce, o Pacheco ficava sempre taciturno. Já tinha ouvido da sua boca, mais de uma vez, a história curiosa desse peixe, dado como desaparecido e depois reencontrado por colegas do Pacheco lá no Santo Antônio.

– Mas vocês já não tinham dado como definido o habitat do andirá, numa área muito distante do Tilápia Viva?

Pacheco tomou novamente ares professorais e passou a debulhar seus conhecimentos sobre o andirá, como se repetisse uma palestra feita muitas vezes:

– O andirá, João, foi redescoberto pelo pessoal aqui do departamento lá no encontro do Rio do Peixe com o Santo Antônio. Os pescadores sempre o conheceram, mas não por esse nome. As referências técnicas que se tinham desse peixe vinham dos relatórios da Expedição Thayer, comandada pelo Louis Agassiz, que fixavam o seu lugar de ocorrência como sendo o Rio Mucuri, na localidade de

Santa Clara, o antigo povoado que deu origem à cidade de Nanuque. Depois que foi comprovado que o peixe indicado como coleta da estação de Santa Clara era, na verdade, o andirá do Santo Antônio, começou uma corrida para entender se a anotação da estação de pesca estava errada ou se o peixe havia desaparecido do Mucuri.

Eu sabia do trabalho que havia sido feito por biólogos do Museu Paraense Emílio Goeldi e do Museu de Zoologia Comparada, da universidade Harvard, para restaurar a lista das estações de pesca da Expedição Thayer. O assunto tocava paralelamente no meu trabalho sobre as incursões de George Sceva e de outros pesquisadores no território de Minas Gerais. Enquanto eu lembrava esses fatos, Pacheco continuava sua exposição:

– Espécimes do andirá nunca foram encontradas nem no Mucuri, nem no Jequitinhonha, o que sugere um erro de anotação. Uma possibilidade de sanar a dúvida estaria nas indicações dadas por Agassiz nas aquarelas de peixes feitas por Jacques Burkhardt, o artista da expedição.

Achei curiosa essa menção feita por Pacheco. Lembrava-me agora que Jacó Filogoni também mencionara as aquarelas do desenhista de Agassiz, encantado com o trabalho artístico do ilustrador. Em menos de dois dias, o nome de Burkhardt e a menção às suas aquarelas vinham freqüentar o meu círculo de conversas. Bem, mas era natural que assim fosse, porque afinal eu havia publicado algumas daquelas aquarelas junto com meu trabalho, e elas eram mesmo especiais. Entretanto, usar as aquarelas como fonte para dados sobre um peixe do Mucuri ou do Doce não fazia sentido, pois Burkhardt nunca estivera em Minas.

– Mas, Pacheco – dizia eu, contradizendo-o –, você sabe que Burkhardt nunca esteve em Minas Gerais.

— Sei muito bem – retorquiu ele com ar de triunfo –, mas você sabe também que nem todos os desenhos dele foram feitos do natural. Se tivéssemos acesso a todas as aquarelas, talvez alguma revelasse os dados que os meus colegas procuram. Desde que você publicou aquele conjunto de imagens, o Museu em Massachussetts digitalizou toda a coleção que resta, como você bem sabe. Mas lá não há nenhuma imagem do andirá. Se mais de setenta por cento das aquarelas originais não tivessem desaparecido, talvez uma ou outra, feita por Burkhardt a partir de esquetes de um outro desenhista, desse conta dos locais de ocorrência do peixe. – E aqui Pacheco fez uma pequena pausa, para preparar a conclusão de sua palestra. – Se ficar provado que o andirá só ocorre mesmo naquele trecho restrito do Santo Antônio e de alguns de seus afluentes, não apenas os argumentos contra o Tilápia Viva crescem, mas crescem também as restrições à implantação de unidades de geração de energia na mesma área. Infelizmente, as aquarelas se perderam.

Eu sabia muito bem da história trágica daquelas aquarelas, mas não queria perder o fio da meada. Afinal, a boca de Elisa me apetecia muito mais do que qualquer boca de peixe. Voltei à carga:

— Está bom, entendi suas preocupações ambientais. Mas ainda não consigo ver suas restrições a que eu me deleite com a mulher do peixeiro.

— Estou tentando lhe dizer, João, que essa gente não é confiável. Doutor Gustavo Veloso aposta que o Guedes faz tudo certo, mas acho que a amizade bloqueia a sua visão correta dos perigos.

— Ainda assim, Pacheco – disse eu voltando ao assunto que me trouxera ali e que agora já perdera toda a graça –, o que tudo isso tem a ver com uma esposa que gosta de sexo fora do casamento?

— Ora, João, essa Elisa sabe bem com quem se casou. Quando eu ainda trabalhava no projeto do Tilápia Viva, o Guedes era casado com a primeira mulher, que faleceu num acidente de barco nas Escarpas do Lago, em Furnas, onde eles passavam boa parte do tempo. Pouco depois da morte dela, sem filhos que lhe ocupassem o tempo, o Ascânio apareceu com essa Elisa, muito mais nova do que ele, para surpresa de todos. Ninguém sabe exatamente de onde ela veio, como entrou na vida do magnata. Da noite para o dia, com aquela cara linda — ao meu movimento de aprovação, ele acenou concordando —, ela acabou virando a dona do pedaço. O Guedes, que antes era discreto na vida particular, passou a dar festas, a sair nas colunas, a comprar quadros, a fazer viagens de passeio, e não apenas de negócios, sempre por influência da safada, como você bem descreveu. Portanto, meu caro, ela também não me parece confiável. E ele sabe disso. O burburinho lá no Tilápia Viva, quando ele apareceu de mulher nova, era que o casamento foi feito com separação total de bens. Ao que parece, o velho Guedes quis se precaver de casar com uma aventureira.

— Acho que você está exagerando. A moça é minha aluna. Por mais que eu tenha tesão por ela, tenho de reconhecer que o seu interesse nas aulas, e não apenas nas minhas, é genuíno. Parece-me apenas uma mulher cheia de vida, que teve a espertez de se casar com um cara rico, para assim obter tudo o que deseja.

— Bem, João, é você quem sabe. Disse tudo aquilo apenas porque sou seu amigo. Agora me deixa terminar meu trabalho, que hoje ainda tenho muitas medições a fazer.

Virei as costas e fui saindo um tanto pensativo sobre o que ele falara, mas com a certeza de que o excesso de zelo não passava de paranóia do Pacheco. Quase na porta de saída, à esquerda de quem entra, um largo aquário decorativo vazava a parede entre a área técnica e a sala de entrada do laboratório. Dentro dele, andirás nadavam tranqüilos, alheios às preocupações de Pacheco pelo seu ambiente natural e alheios à minha vontade louca de rever Elisa.

29 de junho de 2008, meio-dia

Chegamos ao Mesa Farta e fomos logo vendo o Pacheco na sua mesa preferida, bem na entrada, com vista para o movimento dos corredores. Uma cerveja aberta pela metade e um copo de cachaça já enfeitavam a toalha. Ele ficou surpreso e feliz por me ver:

— Ei, João, você por aqui?! Que surpresa é essa? Depois de ontem à noite pensei que ia ficar curtindo ressaca hoje!

Eu tentava descobrir na entonação se ele já sabia do assassinato de Ascânio Guedes. Mas, pelo jeito descontraído, estava tão distante da notícia quanto Eliana. Melhor assim. Quanto a ela, ostentava aquele sorriso de quem se esforça para abrir os olhinhos miúdos, sempre um pouco ansiosa com a minha presença diante do Pacheco. Era como se houvesse entre nós um caso que ela temesse ser descoberto. Esse temor me dava a alegria de ver que ela considerava a hipótese possível. Mesmo que nada acontecesse, o seu leve desconforto era para mim um motivo de enorme prazer. "Se ela teme, é porque deseja", sempre pensei. Tratava-se de um puro jogo mental entre nós, e tenho certeza de que o Pacheco nunca percebeu nada, porque, afinal, não havia mesmo nada para perceber.

Quem tinha de esconder preocupação era eu. O tempo corria, mas até agora a notícia parecia não haver explodido. O corpo com certeza já teria sido encontrado e recolhido. A essa altura, uma investigação policial estava em curso. Mas não adiantava nada ficar ansioso. O melhor era agir naturalmente e esperar pelos acontecimentos.

– Vim buscar comida para os meus acarás. A Eliana disse que vinha almoçar com você, e eu me ofereci de companhia, de enxerido.

Todos nós sorrimos. Ela ficou claramente mais relaxada, vendo dissiparem-se nos afagos da amizade os seus secretos temores. Podia ver seu relaxamento no fato de que, uma vez tranqüila, seus olhos sorriam quase fechados, coelhinho branco farejando cenoura.

– Fez muito bem – disse o Pacheco. Erguendo um pouco o corpo, deu um beijo carinhoso na boca de Eliana, enquanto afagava-lhe o cabelo. Sentaram-se um ao lado do outro, ficando eu de frente. Eliana acendeu logo o seu primeiro cigarro e bebericou no copo do namorado.

O restaurante estava cheio, como sempre. Havia um garçom, o Zeca, mas quem realmente tomava conta do salão, sobretudo em um dia nobre como domingo, era mesmo o dono, Wellerson. Enquanto ele geria a casa, fazia compras e atendia solícito aos fregueses, a sua mãe, dona Cleusa, tocava a cozinha com mais duas ajudantes. Um negócio familiar que tinha dado certo com uma receita simples: comida boa, cerveja gelada, asseio impecável, atendimento rápido e gentil. Enquanto eu levantava os olhos em busca do garçom ou do proprietário, Pacheco me cutucou, chamando a atenção para a cena regular que acontecia no fundo do restaurante:

— Olha lá o amante do Wellerson na mesa do fundo. É o seu amigo, João, o Jacó narigudo. Por que não o convida para almoçar? — E Pacheco enfatizou com ironia a palavra "amigo", um pouco para me espicaçar diante da Eliana, que ficou sem entender, mas também para me lembrar da conversa de alguns meses atrás, quando me descreveu o dono da nova galeria do São Luís como sendo um arrivista dos mais inescrupulosos. A implicância só fez aumentar depois que contei do almoço com Elisa e Jacó no restaurante do Museu de Arte. Desde então, não vira mais o marchand até ontem à noite, ainda que tivesse encontrado muitas vezes com a minha amante deliciosa e soubesse que, de alguma forma, ele era seu confidente. Ele devia, com certeza, saber do meu caso com ela. Agora estava ali, lendo o seu jornal e tomando café, enquanto esperava a conta. Pelo jeito tranqüilo com que se postava na mesa, depois de um almoço reconfortante, tive a impressão de que a notícia terrível também não chegara ainda aos seus ouvidos.

Todos os freqüentadores do Mesa Farta sabiam que o marchand era amante do dono do restaurante, mas os dois faziam questão de manter naquele espaço uma distância formal de freguês e proprietário. Nestes tempos liberais, não havia qualquer necessidade de ficarem no armário, mas sabe-se lá as convenções que um e outro queriam respeitar. Um deles talvez mantivesse o véu por causa da mãe, se bem que mãe de veado sempre sabe no íntimo essas coisas e nunca faz escândalo. São sempre as primeiras a defender a opção do filho, talvez como vingança contra um marido canalha. Mas muitos já haviam presenciado dona Cleusa repreendendo o filho por excessivas demonstrações públicas de afeto pelo amante. A velha senhora funcionava como um freio das ações do filho diante do marchand. No fundo, dizem os mais íntimos, ela tinha ódio do Filogoni, pois ele maltratava o seu filho com aquela situação indefinida. Wellerson sofria com a relação não-assumida, e dona Cleusa atribuía todos os sofrimentos do filho ao amante inescrupuloso. Quanto a este, sustentava talvez a fachada para criar uma falsa aura de dubiedade, que ajudava nos negócios com arte. Em qualquer caso, mesmo que na calada da noite eles soltassem os demônios em espaços mais reservados, a relação dos dois no ambiente do restaurante, onde Jacó almoçava regularmente aos domingos, era sempre protocolar. Filogoni pagou a conta, levantou-se, e veio na direção da saída, onde estávamos. Quando já se encontrava quase na porta, ao lado da nossa mesa, Zeca veio correndo com os jornais na mão:

– Seu Jacó, o senhor esqueceu o jornal.

Filogoni virou-se para ele e respondeu num tom alto, dando-me a impressão de que falava mais para nós, ou melhor, para mim, do que para o Zeca:

– A notícia que buscava eu já encontrei. Entregue ao Wellerson. Ele gosta de guardar para ler mais tarde. As notícias são boas, ele vai gostar.

De fato, Wellerson vinha saindo da cozinha quando viu Jacó deixando o restaurante. Dirigindo-se ao companheiro, Jacó acrescentou:

– Estou dizendo aqui ao Zeca que o jornal fica pra você. Até mais ver.

Wellerson agradeceu o mimo com um aceno de cabeça. Antes de sair, Jacó postou-se na porta de entrada, olhando o movimento do mercado e fumando o seu cigarro, quase ao nosso lado. Zeca foi acabar de limpar a mesa, e Wellerson virou-se para voltar ao interior do restaurante. Ao fazer o movimento, deu de cara com dona Cleusa na porta da cozinha. Ela presenciara os acenos de despedida, o agrado do jornal e se postava de cara amarrada para o filho. Wellerson passou por ela aos empurrões. Sumiram os dois lá para dentro.

De que notícia estaria falando ele? No primeiro momento tive um calafrio. Seria a notícia da morte do Ascânio? Mas não poderia ser. O jornal ia para a rua no começo da madrugada. O mais estranho era aquela sensação de bem-estar que ele transmitia ao Wellerson (e talvez a nós) por causa de uma notícia. Pacheco e Eliana pareceram não dar por elas, e optei por ficar calado, sem chamar-lhes a atenção para algo que talvez só eu ouvira e que talvez só para mim fizesse sentido. Decidi comprar o jornal assim que saísse do almoço. Enquanto isso, a fome pedia para que esquecesse todos os males do dia e concentrasse esforços na black tila.

O carro-chefe do cardápio, a black tila, tinha um preparo simples. Depois de temperados pela mão santa de dona Cleusa, com sal, ervas variadas e muita pimenta-do-reino, os filés rosados de tilápia eram jogados numa larga grelha, postada sobre um imenso braseiro, sobre a qual os filés eram tostados com muito calor, para que ficassem crocantes por fora e, ao mesmo tempo, macios e suculentos por dentro. Se havia ali algum segredo, estaria na mistura de ervas que marinava as tilápias.

Jacó finalmente tomou o rumo da saída, não sem antes se voltar e cumprimentar-nos com um rápido aceno de cabeça e o olhar dirigido a mim, como a dizer que lembrava do nosso almoço de semanas atrás, ao lado de Elisa. Depois que ele se foi, a nossa conversa, que fora interrompida pela cena de sua saída, retomou o seu curso.

– Quem vê até pensa que se trata de um freguês qualquer. – Comentou Eliana.

Enquanto Zeca vinha de lá atender ao nosso pedido, Pacheco voltou à carga:

– Por que não convidou seu amigo para ficar na nossa mesa? – Pacheco ria da brincadeira maldosa, enquanto Eliana ficava sem entender.

– O que está acontecendo? Esse marchand lá da festa de ontem é seu amigo, João?

– Não – interveio sarcástico o Pacheco –, eles apenas dividem a mesma mulher.

– Como assim? Mas esse cara é veado, todo mundo sabe disso! E que mulher é essa de quem vocês estão falando? A Elisa? Ela pode ir com todos, menos com esse...

Para meu deleite, Eliana estava à beira de um ataque de ciúmes. Ah, as mulheres são sempre as mesmas... Eliana não queria nada comigo. Invocava minha amizade pelo Pacheco toda vez que eu dava uma investida, mas bastou sentir o seu território invadido para mostrar os dentes, feito um acará ameaçado. Pacheco, senhor de si, nem notou os ciúmes da menina por minha causa. Para que a situação não piorasse, eu mesmo acalmei a nossa namorada, aproveitando a deixa do ciúme para desviar a atenção da postura de Jacó sobre uma possível notícia importante no jornal:

– Eliana, isso é pura amolação do Pacheco. Não sou amigo dele não. Sei apenas que ele tem uma galeria nova lá na Pampulha. E como Elisa é aluna da especialização e gosta de história da arte, ela o conhece. Saí para almoçar com ela outro dia e acabamos por almoçar os três juntos. Só isso. O resto é maldade aqui do biólogo.

– Sei... – Disse a Eliana, procurando evitar o assunto e já pondo fim à conversa, uma vez que o Zeca já estava na mesa anotando os pedidos. Pacheco comandou o menu:

– Black tila para todos, a minha com muita pimenta. E renova aqui a gelada, sem esquecer de trazer mais uma branquinha.

–É pra já. – Respondeu o Zeca.

Enquanto Pacheco fazia o pedido, Wellerson passou por nós e saiu do restaurante falando baixo ao telefone celular. Com certeza estava indo atrás do namorado. Nem bem tínhamos matado a segunda cerveja, Zeca voltou com a travessa de filés.

– Hoje é você quem vai nos servir, Zeca?! – Perguntou o Pacheco, já meio grogue de cachaça e cerveja. O garçom sabia da preferência dos fregueses pelo serviço do proprietário, mas não se importava, e tinha grande elegância para sair da situação:

– Estou aqui sempre para servi-los, meu caro. – Pacheco ficou atônito com a resposta, bem merecida, enquanto eu e Eliana estourávamos numa gargalhada. Com um sinal de *mea culpa*, Pacheco acabou entrando também na gargalhada geral, que contagiou até o garçom.

Depois de deitar as tilápias grelhadas nos pratos previamente montados com guarda de salada verde, Zeca regou tudo com muito azeite, até que os três largos filés de cada prato ficaram dourados pelo óleo.

– Aí estão. Bom apetite – disse o garçom, enquanto já nos deleitávamos com os filés de peixe tostado e apimentado.

O almoço parecia tranqüilo, com cada um saboreando o seu petisco. O meu silêncio, entretanto, denunciava introspecção e acabou provocando uma interrupção do Pacheco, que me perguntou em tom conspiratório:

— E aí, o que vai fazer depois da revelação da Elisa ontem na festa?

Eliana repreendeu o namorado:

— Pacheco, do pouco que me ficou do curso de História Clássica, me lembro de um ditado dos gregos: "o que aconteceu no banquete deve ficar no banquete".

Eliana tomava o partido do silêncio, talvez porque não quisesse render uma conversa que colocasse Elisa ao meu lado. Era o seu ciúme cercando as minhas relações.

— Ora, Eliana, só quero saber que atitude ele vai tomar — disse o Pacheco, entre um gole de cachaça e uma dentada na black tila.

— Ainda não sei, mas preferia não falar disso. — A frase foi suficiente para cortar o assunto, mas os dois jamais poderiam imaginar que minha recusa em seguir com a conversa tinha motivos muito mais fortes do que as revelações da noite, desde a cena terrível que presenciara ao amanhecer daquele domingo. Terminamos calados o almoço.

Enquanto tomávamos o café forte da sobremesa e Eliana em silêncio degustava o seu cigarro, Wellerson entrou novamente no restaurante, com ar tranqüilo e andar saltitante. Seguiu direto para a cozinha. Em poucos segundos, ouvimos uma explosão de raiva e insultos trocados entre mãe e filho. A voz de dona Cleusa soava abafada, incompreensível, como a exigir do filho um mínimo de compostura. Wellerson gritava descontrolado:

– Desgraçada! Desgraçada! Que mania de se meter na minha vida! Ah, que desgraça, meu Deus!

Aos gritos, seguiu-se um choro convulso, que constrangeu os últimos fregueses ainda no restaurante. Já era mesmo hora de fechar, pois o Mesa Farta seguia o horário do Mercado Central aos domingos, cerrando as portas não mais do que às 13:30. Levantamos, calados, e nos dirigimos para a saída. Depois de me despedir rapidamente de Eliana e Pacheco, tomei um táxi e fui para casa. Antes de chegar em casa, era preciso comprar o jornal e tentar entender aquela frase velada de Jacó Filogoni. Queria descansar um pouco antes de encontrar Verinha no fim da tarde, pois eu não havia dormido direito nessa noite. E desde a manhã, com todos aqueles acontecimentos, minha cabeça estava zoando. O desentendimento entre mãe e filho, no final do almoço, havia nos deixado deprimidos, e a minha dor de cabeça voltara quase instantaneamente. Melhor mesmo era dormir um pouco para encontrar minha puta favorita. Com ela eu poderia me abrir. Ela, com seu brilho de tilápia fresca, talvez me desse uma luz sobre tudo o que estava acontecendo.

29 de junho de 2008, 17:00 h.

    Cheguei ao bar e lá já estava Verinha. Como sempre, bebericava a sua cuba libre, sentada à mesa do alto, na esquerda, com vista para a Lagoa, de onde admirava a Casa do Baile e o movimento dos aviões em procedimento de pouso no Aeroporto da Pampulha. Não liguei marcando o encontro. Sua freqüência naquele bar, àquela hora, era sagrada. A quem quisesse encontrá-la, bastava passar por ali no final da tarde de domingo. Mas não gostava muito de companhia. Tinha prazer em ficar só, bebendo e olhando o movimento dos aviões. Mesmo um dia frio como aquele, quando o vento soprava na beira do lago, não alterava o seu ritual. Poucos tinham o privilégio de desfrutar da sua companhia agradável e de seu humor afiado. Eu era um desses poucos. Ela me viu e acenou de longe. Cheguei com ar preocupado, o que ela notou na hora:

    – Que houve, João Ninguém? – Era assim que me chamava. – Que cara é essa? Depois daquele arranca-rabo de ontem a cachorra não quer mais balançar o dito cujo pra você?

Dei-lhe um beijo no rosto e me assentei. Pedi uma cerveja ao garçom que passava e fiquei olhando a Lagoa, sem coragem de começar a falar.

– Xiiiii... – Disse ela – A coisa tá feia mesmo. Que foi, João Ninguém, apaixonou? – Verinha sabia do meu caso com Elisa e presenciara os acontecimentos da noite, pois fora à reunião com o deputado Severiano Almeida. O safado gostava de exibi-la pelos salões e fingir que ela era sua secretária, como se ninguém percebesse que se tratava de uma garota de programa inteligente e esperta. A esposa, nessas horas, ficava lá no curral eleitoral do interior de Minas. Coisa de sujeito broxa que precisa andar exibindo material de primeira, pago a peso de ouro. Bem, o dinheiro que sustentava Verinha vinha do contribuinte; logo, o deputado estava pouco se lixando para o valor pago à prostituta de luxo.

Verinha tinha o que muitas meninas do ramo sonhavam, mas poucas conseguiam obter. Depois de passar anos explorada por agenciadores canalhas, tendo de ficar à disposição de executivos em viagem, para ser exibida no café da manhã, e de fazer gozar fregueses ricos em tardes regulares, Verinha tinha montado sua restrita carteira de clientes fixos, não mais do que uns seis ou oito. Cobrava de cada um deles qualquer coisa entre mil e dois mil reais por mês, com uns poucos encontros em dias fixados, dependendo do poder aquisitivo de cada um e da antipatia maior ou menor que por ele tivesse. De gente como o deputado Severiano, a quem detestava, costumava cobrar bem mais do que isso. Gozar, diz ela, não gozava nunca. Era uma profissional. Jamais atendia clientes em seu apartamento. Além dos hotéis e motéis, usava como privê uma casa de luxo na beira da Lagoa, perto do museu, cuja cafetina era sua amiga. Pagava pelo quarto e não dependia de ninguém. Numa ida a essa casa, cruzei com ela uma vez. Não teria nunca dinheiro para pagar o seu cachê, mas acabamos amigos, e ela me usava como namorado às vezes, em seções de sexo nas quais se sentia solta, mas nunca a ponto de perder a pose de puta profissional. Verinha não era alta, mas exibia uma beleza enorme, com um longo e cacheado cabelo castanho claro, caído sobre uma pele aveludada e salpicada de sardas rubi que aumentavam o seu encanto. Desconfio que, por detrás daquele humor áspero, havia uma sonhadora que se imaginava Julia Roberts à espera de encontrar o seu Richard Gere. Fora esse ar devaneado das tardes de domingo, que às vezes traía a sua máscara irônica, Verinha tinha um olhar arguto sobre as coisas e uma enorme capacidade de diagnosticar pessoas no primeiro encontro, fruto excêntrico de sua antiga profissão.

– Não estou bom não, mas os motivos você nem imagina. Ainda não soube?

– Soube de quê? – A indagação confirmava seu alheamento ao acontecido.

– Mataram o Ascânio Guedes.

– Você matou? Crise de ciúmes, João Ninguém? – Em qualquer situação, ela nunca perdia a deixa da piada.

– O caso é sério, Verinha.

– Tá bom. Quando foi isso?

– Deve ter sido ontem à noite, pois o corpo apareceu hoje de manhã. – Enquanto falava, voltou-me à boca o gosto do vômito que fiz ao ver aquele corpo mutilado.

– Ontem? Quer dizer que a safada o matou? E que história é essa de corpo achado? Ela não o matou em casa?

— Não se sabe ainda quem matou, pelo menos eu acho. — A falta de notícias, de um escândalo no noticiário do rádio ou na internet, estava me deixando mais nervoso do que o próprio fato. Por que até agora ninguém sabia de nada? Impossível que ainda não tivessem identificado o corpo.

— João Ninguém, vê se explica isso direito, porque não estou entendendo nada.

— Ontem, depois que saímos todos da festa, fui direto para casa. Como você sabe, mesmo que me deite muito tarde, sempre acordo cedinho para fazer corrida na Lagoa. Se estiver de ressaca, aí é que não perco nunca a minha corrida. Saí de casa ainda às escuras. Por volta das seis horas da manhã, cheguei no meu ponto de retorno, o píer de grama em frente à casa do Juscelino. Ali parei para descansar e ver o sol nascer, como sempre faço. Havia um desses pobres pescadores de cará preparando a linhada. Trocamos umas palavras e cheguei mesmo a tomar uma talagada da sua cachaça. Quando chegamos à beira do lago, um corpo boiava emborcado. A pele havia sido arrancada das costas, como num trabalho de taxidermia. Havia sangue nos degraus do píer que chegam até a água. O pescador virou o corpo dentro d'água, e vimos que o morto havia sido desventrado, do peito até o cu. As vísceras foram arrancadas. A sua boca estava cheia de acarás, amarrados por fora através de um cambão de arame que vazava as bochechas. Próximos ao corpo, acarás disputavam pedaços de vísceras que boiavam entre manchas escuras de sangue coagulado. Pois bem, o morto era o Ascânio Guedes. — Quando acabei de falar, tremia todo. Virei de uma vez um copo cheio de cerveja, para evitar que aquele gosto amargo voltasse à minha boca.

– Você sonhou ou inventou essa história? – Disse ela com desdém.

– É sério, Vera!

– Opa! Me chamou de Vera. Então é sério mesmo.

– Pois estou te falando! Mataram o cara, arrancaram a pele e as vísceras, jogaram tudo na Lagoa. E justamente eu fui encontrar aquele peixe morto boiando lá embaixo.

– Acha que jogaram lá de propósito, porque sabiam que aquele é o seu ponto de descanso toda manhã? – A pergunta procedia. Eu mesmo já me havia feito essa consideração.

– Às vezes penso que sim. Se for isso, o assassino quer, de alguma forma, me incriminar, ainda que eu não saiba como. E se for essa a intenção, o mínimo que ele conseguiu foi me apavorar.

– Bem, você come a mulher do sujeito.

– Pois é, mas nesse caso quem deveria estar emborcado entre carazinhos seria eu, e não ele.

– E ela? Já falou com ela? Ela deu notícias?

– Ainda não. Temo pelo que possa ter acontecido. Com todo esse silêncio, o mais provável é que ela também esteja morta, jogada em algum outro canto.

– Já pensou que pode ser ela a assassina? – Entre uma pergunta e outra, Verinha tomava largos goles de cuba libre. Estava excitada, como se aquela tragédia fosse para ela um jogo de adivinhações.

– Já pensei, sim, mas me parece totalmente improvável. Em primeiro lugar, seria preciso saber de taxidermia, o que não era a praia dela. Os cortes na pele tinham a clara precisão de um trabalho cirúrgico.

— Doutor Veloso? — Mais do que excitada, sua voz agora era de espanto com a própria hipótese.

— Pelos cortes, sim. Mas que motivos ou que paixões teriam movido aquele aristocrata a fazer uma coisa daquelas?

— Pelo que vi na reunião, eles tinham diferenças. E nunca se sabe o que uma cara santinha esconde, vai por mim. Vai ver que havia lá uma dívida grande entre eles. Sabe como é, por dinheiro as pessoas são capazes de tudo.

— Concordo que eles tinham rusgas, mas nada que justificasse uma perversão dessas, um assassinato seguido de mutilação corporal. De qualquer maneira — falei mais para mim do que para ela —, parece-me trabalho de um homem. Seria preciso força para fazer aquilo, e Elisa é uma gata preguiçosa. — Um homem, com grandes diferenças a acertar com Ascânio Guedes, pensei comigo. Tinha até medo do que vinha à minha cabeça, mas não pude fugir à imagem do Pacheco diante do prato de black tila.

— Bem, Elisa pode não ter agido sozinha. Um homem pode tê-la ajudado. Quem ficou por último na casa?

— Quando saí, Jacó Filogoni estava com ela, preparando-se para ir embora também. Mas não saiu comigo. Aquele, sim, teria a perversão necessária para a mutilação, mas não sei se teria a coragem.

— Bem, você disse que deve ter sido trabalho de um homem. Logo, não pode ser o Filogoni. — Verinha caiu na gargalhada com a própria piada sexista.

— Não sei o que pensar, Vera. Vai ver que tudo isso é apenas delírio meu. Vamos acabar descobrindo que

Elisa e Ascânio foram vítimas de assalto, roubo de carro, qualquer coisa assim.

— Bem, João, só se, quando os ladrões entraram, o Ascânio engoliu os diamantes da mulher, para que não fossem roubados, e os ladrões estriparam o cara para pegar as pedras. Aproveitaram a situação, enrabaram um monte de vezes a sua cachorra, depois empalaram e jogaram na Lagoa também. — Tirando a imagem grotesca, obra do humor negro da Verinha, sempre disposta a me espezinhar, até que a hipótese do roubo e de pedras preciosas engolidas não parecia absurda. Fantasiosa, mas não absurda.

— Bem, Verinha, tudo é possível. Mas há uma pessoa de quem ainda não falamos, o seu amigo Severiano Almeida.

— Desculpe João, há muitas pessoas de quem não falamos, e uma delas é você.

— Para que eu teria matado o cara, me diga?

— Quer uma lista? Então toma. — A expressão dela era séria, e pude perceber que, se aquele caso não fosse desvendado logo, suspeitas muitos fortes iriam cair sobre mim. Se até Verinha podia levar a sério aquela hipótese, por que não um delegado qualquer, responsável pela investigação policial? — Em primeiro lugar, por inveja e ciúme. Você comia a mulher bonita de um sujeito rico. Ela te usava à vontade, e você achando que era o dono do pedaço. Quando percebeu que não passa de um João Ninguém, um pateta manipulado pela amante, vingou-se matando os dois e mutilando o cara. Aliás, me conta aí, arrancaram o pau dele também?

Tive vontade de levantar e ir embora, mas ela pegou no meu braço e me fez assentar.

— Tá com medo da conversa? Se sair daqui, vou começar a levar a sério minha hipótese. Anda, deixa de bobagem. Diz lá, tiraram o pau também?

— Tiraram tudo da barriga para baixo.

— Tá vendo?! Se arrancaram o pau, é coisa de inveja. Em segundo lugar, por cobiça. Vi nos seus olhos que você é louco por aqueles desenhozinhos que o Ascânio exibiu ontem à noite. Foi pego roubando, teve de matar o cara. O resto, a mutilação, etc., etc., é apenas conseqüência da tara. E afinal, quem entende de taxidermia aqui é você.

— Seria muito sangue para pouca arte — disse eu desdenhando.

— Em terceiro lugar — continuou ela —, por encomenda. Você continua um capacho daquela Elisa. Daí, ela te pediu para matar o marido. Você, que se diz tão entendido em peles arrancadas e em peixes, aproveitou a situação para desforrar no corpo do morto a sua mediocridade de João Ninguém. Em vez de levar o coração de um veado, como fez o caçador da Branca de Neve, levou o pau do marido numa caixinha de madeira. Aliás, para levar um coração de veado, em vez do pau do marido, você devia ter estripado o Jacozinho, não é mesmo?! — Verinha ria desbragadamente da própria fala. Sua gargalhada era contagiante. Acabei rindo com ela. Com os olhos em lágrimas, de tanto rir, extravasei afinal a tensão que me torturava. Os garçons e outros fregueses do bar riam também, contagiados pelo nosso riso franco. Quando nos acalmamos, retomei mais seriamente a conversa:

— Mas, agora, sério, o que acha de ser o Severiano Almeida um suspeito? Quando vim te procurar, tinha ele em mente, por causa de uma discussão pesada que flagrei entre os dois e que teve repercussão naquela altercação de bêbados ao final. Aliás, queria te mostrar isto. – Disse eu exibindo o jornal que comprara antes de chegar em casa.

– Que há no jornal?

– Abra e veja.

Uma chamada na primeira página apontava para uma matéria especial que sugeria a iminente candidatura de Severiano Almeida à prefeitura de Belo Horizonte. Entre os famosos que declaravam seu apoio ao projeto do deputado, o jornal destacava o nome do empresário Ascânio Guedes. Eu só não conseguia atinar qual o interesse do Filogoni naquela notícia, mas tudo me levava a crer, cada vez mais, que o marchand estava por detrás daquela morte, talvez mancomunado com o deputado da Verinha. Depois de ler a matéria, ela voltou ao seu ceticismo irônico:

– Bem, João, e daí que ele é candidato? Essa notícia já é velha. Todo mundo nessa cidade sabe que o Severiano, mesmo sendo lá de entre Curvelo e Pirapora, sempre babou pela prefeitura de Belo Horizonte. Há muitos anos que ele vem investindo no eleitorado aí da periferia da zona norte, jogando todas as fichas neste trecho que vai daqui da Lagoa até lá em Venda Nova. Na cama, entre uma broxada e outra, esse peste só fala da prefeitura. Uma verdadeira obsessão. Eu mesma já vi muitas reuniões dele com gente aí dessas favelas todas, que vão dar até lá em Ribeirão das Neves.

– Eu sei, mas parece que agora é pra valer.

– E em que a morte do Ascânio poderia ajudar?

– Não sei, mas a briga entre os dois tinha motivos políticos.

– Mesmo? Quando foi isso? Na festa? Aquela conversa de bêbados não pode ser levada a sério.

– Não falo do final, mas de uma discussão logo no começo da reunião. Quando poucos haviam chegado, e você, Eliana e Pacheco estavam entretidos lá no terraço com a vista da Lagoa, houve um momento em que desci até o escritório. Elisa ainda não havia aparecido na sala, pois estava se arrumando. Eu queria contemplar de novo a piscina iluminada, cuja lembrança me impressionara dois dias antes, quando a gente tinha estado ali trepando.

– Sempre romântico, esse João Ninguém ... – Ironizou Verinha.

– Quando cheguei no saguão do andar de baixo, ouvi o bate-boca dos dois. A briga era feia. Discutiam sobre o apoio que Severiano exigia de Guedes para um grande empreendimento. Guedes se recusava a apoiar a empreitada.

Depois de relatar a Verinha todos os detalhes que pude depreender da discussão, ela ficou por um momento calada e acabou por retomar a palavra, agora com um semblante bem mais carregado:

– Bem, aquele safado do Severiano é bem capaz de um assassinato desses. Sabe como é, político do Meio-Norte de Minas tem sangue assassino nas veias. Se precisar matar, mata. Já tive de agüentar reuniões do Severiano com as tais bases eleitorais, rega-bofes com muito whisky 12 anos, festinhas cheias de prefeitos xucros e assessores asquerosos, tudo feito em casas tradicionais e insuspeitas da cidade. Às vezes lá nas Mangabeiras, às vezes aqui mesmo na Pampulha. Depois da seção social, onde muitas esposas estão presentes, sempre vem a farra com as meninas pagas. Mas, dessas, como te disse, nunca admiti participar. É parte do nosso trato, que ele sempre aceitou.

— Bem, mas e aí? Continua.

— Bom, nessas reuniões, já ouvi casos escabrosos sobre ele e sobre outros como ele. Desafeto capado na frente da mulher, mulher estuprada na frente do marido, filha levando, de uma só vez, esporrada de cinco homens na cara, tudo diante do pai, casa incendiada com parentes do desafeto dentro, criança de colo jogada no rio e mais um monte de atrocidades que você nem imagina. Eles têm prazer em contar casos de violência. É o mesmo prazer que têm em exibir uma garota bonita no lobby do hotel de luxo.

— Você acha que ele teria motivos, que a negativa do apoio de Ascânio ao seu projeto seria suficiente motivo?

— Olha, João, para essa gente motivo pode ser qualquer bobagem. Mas uma coisa eu garanto: Severiano não suja nunca a mão. Tem sempre quem faça isso por ele.

O sol caía sobre a Lagoa, traçando reflexos alaranjados na pérgula da Casa do Baile. As primeiras luzes acesas davam um tom de imensa melancolia à paisagem. Faróis passavam lentos, vindos do jogo de futebol que mal acabara no estádio.

— Acho que é hora de ir, Verinha.

— Quer ir lá pro meu apartamento? — Convidar-me pela primeira vez para o seu apartamento era uma enorme e inesperada demonstração de carinho. Olhei para ela e vi estampado no seu rosto o instinto maternal de toda mulher. Eu devia estar com uma cara danada de carente para despertar assim o seu instinto protetor. Pela primeira vez, achei que ela gostava mesmo de mim.

— Melhor não. Deixa para um outro dia, em que eu possa aproveitar melhor esse presente. — Ela então se achegou ao meu ombro, como nunca tinha feito, e deslizou sua boca até encontrar a minha. Um beijo leve e desprovido de precauções selou aquele momento de encontro das nossas almas desarmadas. Enquanto os últimos clarões do dia se apagavam sobre a Casa do Baile, deixei-a na mesa, depois de pagar a conta, e mergulhei no trânsito lento da Lagoa, como quem mergulha num lago escuro em busca de um anzol na boca de um peixe preto.

Manaus,
12 de janeiro de 1865

Querida Alice, minha adorada irmã,

Espero que esta carta te encontre bem. Por aqui, vou indo, mais confuso do que gostaria de estar. Esta viagem tem trazido estranhas sensações, e não sei mais o que esperar de mim. Quando me propus a seguir os passos do Professor Agassiz, sonhava que sua sabedoria e seu sentido da natureza entrassem de maneira natural pelo meu cérebro e assim fizessem da minha mente algo de útil. Mas quanto mais vejo, quanto mais observo, mais concluo que não tenho vocação para os trabalhos de um naturalista.

Às vezes, Alice – não te assustes –, tenho a sensação de que estou ficando definitivamente louco. Não é improcedente a observação, uma vez que estas florestas já enlouqueceram muitos viajantes que por aqui passaram, como mostram os mais diversos relatos. As lianas, os cipós subindo pelos troncos das palmeiras e das mais frondosas árvores, o silêncio ensurdecedor, o grito contínuo dos bugios ao longe, a água que cai e corre por todos os lados, que a tudo alaga, o calor – oh, o calor – e os mais diversos, inumeráveis e indescritíveis insetos, tudo isso me faz perder a noção do tempo e do meu próprio ser, minha querida irmã. Perdoe-me se te assusto ou se toco em assuntos impróprios para a tua candura e a tua retidão de caráter, mas sabes que não tenho para ti qualquer segredo. Vou contar-te uma cena que me separa, em tudo e por tudo, dos meus companheiros de viagem.

Há cerca de poucos dias, depois que chegamos de volta a Manaus, vindos dos confins do Rio Amazonas, Hunnwell (o voluntário de Harvard que veio com a expedição na condição de fotógrafo experimental) estava em sua cabine fotográfica, juntamente com professor Agassiz, a fim de fotografar algumas moças do lugar. Eu não intencionava interromper o trabalho, mas apenas queria seguir os procedimentos técnicos de Hunnwell, pois, como sabes, tenho grande interesse pela fotografia, assim como tenho pelo desenho. Como fui treinado em desenho, quero sempre entender os enquadramentos dos fotógrafos. Quando me dirigi ao estúdio, Hunnwell me recebeu com muita cautela, com as mãos negras de algum produto usado na fotografia. Ao entrar no compartimento, encontrei o professor empenhado em suavemente convencer três moças, que ele dizia serem índias de puro sangue, as quais, como eu pensava e ficou depois provado, tinham igualmente sangue branco e mesmo negro. Estavam elas graciosamente vestidas de musselina branca, enfeitadas com guirlandas nos cabelos, e recendiam deliciosamente a certas flores de junco que por aqui as moças transformam em essência. Aparentemente educadas e sem qualquer traço de imoralidade, consentiam que tomassem consigo as mais desregradas liberdades, e duas, sem grande dificuldade, foram induzidas a livrar-se das roupas e posarem nuas. Enquanto estávamos lá, o senhor Tavares Bastos entrou e, jocosamente, me perguntou se eu fazia parte do *Bureau de Antropologia*.

Essa cena, com todo o seu formalismo científico, me pareceu profundamente perturbadora, como terá parecido a ti. Será o meu olhar que não consegue separar o trabalho científico da verdadeira concupiscência que vi refletida nos olhos dos pesquisadores? E esse reflexo, viria ele apenas da imagem que projetavam os meus olhos? Não sei o que dizer. Uma das moças, Alexandrina, uma cafuza deslumbrante que se tornou assistente prática do professor – cafuza, sim, ou seja, uma mestiça de sangue negro e índio, e linda como não permitiria a teoria racial –, lembrava-me Jesuína, a minha deusa da floresta, de quem já te falei em uma carta de setembro. Ah Jesuína, Jesuína, minha rainha da floresta, minha flor do trópico, por que meu português serve apenas para as necessidades da vida, e não para expressar todas as sombras de emoção que penetram minha alma. Depois de despender uma hora com Jesuína, dando o melhor de mim, ela murmurou para Talismão de Vasconcelos, o rapaz que a Companhia do Vapor Amazônica cedeu à trupe de Agassiz, que não havia compreendido "absolutamente nada" da minha conversa. Ela agora anda pela praia, com seu longo cabelo solto ao vento, morrendo por me perder.

Não sei mais o que diga, querida Alice. Não penses que estou deprimido. Não estou. Sinto apenas que não consigo ter a distância dos fatos, das coisas e das pessoas que o trabalho científico parece demandar. Sei que encontrarei meu caminho, ou talvez nunca o encontre. Não importa. Por hoje, quero apenas descansar.

Beijo teus olhos fraternos, sob a luz imensa destes trópicos enluarados. Até breve. Dê lembranças minhas a todos, em especial a meu amado irmão Henry. Sempre teu,

William James

26 de junho de 2008, 22:00 h.

Quando saí do banho, Elisa estava estirada de costas na cama, com os braços colocados acima da cabeça pendida, completamente entregue, num torpor de animal satisfeito. Seu corpo iluminava os lençóis, mais do que a luz tênue dos abajures, e o cheiro bom que exalava da sua pele misturava-se pelo quarto a um odor sódico de sexo. O mesmo cheiro delicioso do peixe vivo, que sai da água dando rabanadas prateadas antes de se entregar às mãos trêmulas do pescador. A boca entreaberta, com os lábios carnudos expondo levemente os dentes num sorriso natural, além dos olhos semicerrados, davam ao seu rosto ainda mais esplendor. As pernas, ligeiramente flexionadas sobre um travesseiro, escondiam a boceta linda, mas não a ponto de nublar a visão dos pêlos castanhos, abrigo de aventuras incontáveis. Toda ela ondulava em linhas de suavidade e força, tal como o leito sinuoso e sensual de um rio cristalino.

Estávamos trepando há horas, sem parar. A cada explosão de gozo, tínhamos a sensação de ter chegado ao limite do desejo, entregues à lassidão macia dos próprios corpos. Mas bastavam algumas carícias para que toda a fúria recomeçasse, a cada vez mais intensa, mas ansiada, mais cheia de encantamento. Ao sair do chuveiro e entrar no quarto, contemplei seu corpo abandonado, imagem da mais alegre completude. Ao ouvir, entretanto, os meus passos, ela começou a ronronar, virou-me as costas e aninhou-se em concha, para deixar à vista as curvas e as gretas acolhedoras da sua bunda suntuosa, como a dizer: – Vem! – Uma vez mais explodimos de delírio, até que finalmente caímos no sono, completamente exaustos. Acordei com sua voz sussurrando ao meu ouvido, entre risos e carícias:

– Vamos passear... Vamos passear...

– Passear? – Disse eu ainda zonzo. – Passear onde? Que horas são?

– Vamos passear na floresta – brincava ela, enquanto mordiscava a minha orelha. Finalmente despertei. Seu rosto permanecia iluminado pelo sorriso, e os lábios úmidos lembravam as bordas de uma taça transbordante.

– De que você está falando? – Resmunguei sonado.

– Falo de você levantar e vir comigo até ao escritório. Tenho uma coisa linda para lhe mostrar. – A voz havia mudado de tom, e toda ela parecia tomada de grande decisão. Que maior agrado poderia eu receber naquela noite esplêndida que ultrapassasse a sua total entrega no sexo? Fiquei curioso. Ela virou as costas e saiu. Saltei cambaleando da cama e corri ao seu encalço.

Era a primeira vez que fazíamos sexo na sua cama, e eu não conhecia os labirintos da casa enorme. O marido estava viajando, havia me dito ela, e os funcionários ganharam uma folga extra, sinal de que planejara aquele encontro na cama do marido, suprema delícia das aventuras extraconjugais. Quando na tarde daquele dia ela me ligou, dizendo que a noite seria especial, já esperava por aquela surpresa. Talvez por isso o desejo tão intenso há pouco entre nós.

Fui seguindo-a, sem dizer palavra. Elisa andava nua com a mesma elegância que andaria se estivesse produzida para uma festa. O animal humano, quando nu e sem a moldura de uma cama, geralmente é desgracioso de movimentos, com seus braços sem apoio e entregue ao desamparo da pele. Mesmo as mais lindas mulheres podem tornar-se patéticas ao atravessarem nuas uma cozinha em busca de um copo d'água. Mas não era o caso dela. Elisa possuía uma graça natural de bicho. Sua nudez e seus gestos prosaicos preenchiam de beleza os vazios do espaço.

O escritório ficava três andares abaixo. A casa de Elisa e Ascânio Guedes estava postada na Alameda das Cariotas, protegida por um enorme muro de pedras que escondia totalmente a mansão. O desnível do terreno fazia com que, uma vez dentro da propriedade, se descortinasse diante do visitante uma ampla visão da Lagoa da Pampulha, como se o espelho do lago estivesse aos pés da piscina que cercava boa parte da casa e invadia a sala de estar. Amplos painéis de vidro deixavam entrar a luz natural, filtrada pelos buritis dos jardins que emolduravam o céu com suas corolas de leque. Como em muitas outras casas do bairro, a pérgula da Casa do Baile inspirara ali o movimento das linhas. O quarto do casal ficava no alto de uma torre, acima do segundo piso. Para chegar ao escritório, descemos os dois lances de escada que ligam a parte íntima à parte social da casa, no rés-do-chão, e daí descemos mais um lance, depois de atravessar um conjunto de salas e a alça da piscina que invade o salão, para enfim alcançarmos o piso que dá acesso à adega e ao escritório. Dentro do amplo recinto, com pé direito de dois andares, uma dupla surpresa arquitetônica: a iluminação natural e a ventilação vinham de uma grande clarabóia que vazava além do segundo piso. Mas o mais encantador vinha do fato de que uma das paredes longas, toda de vidro, fazia contato com a piscina, de modo que, durante o dia, a luz do sol atravessava a limpidez da água para criar dentro do escritório um ambiente de aquário, em que os banhistas podiam ser vistos como peixes. Durante a noite, como naquele momento, os holofotes dentro d'água criavam o mesmo efeito translúcido. Diante do meu olhar espantado, Elisa sorriu e disse:

– É lindo, não?! Em noites de lua, gosto de apagar os holofotes da piscina e ficar vendo as imagens bruxuleantes que se formam.

Ato contínuo, apagou as luzes. Era como estar dentro de um sonho. Sereias e iaras sibilavam lá fora, no frio da noite de junho, enquanto formas flutuantes atravessavam a parede de vidro para nos brindar com seu brilho de ardentia. Mas logo Elisa reacendeu as calmas luzes indiretas, trazendo-nos à realidade.

O escritório era despojado, com duas mesas amplas de vidro sobre o chão de madeira. Havia uma parede-estante com muitos livros, mas as outras estavam forradas de troféus de pesca e de quadros em que os peixes eram o motivo constante. Aquarelas, quadros a óleo, fotografias, pequenas esculturas, tudo no ambiente remetia aos animais. Apenas um espelho de moldura cinzelada e feita do mesmo material, colocado no centro de uma das paredes, não trazia o motivo. Em compensação, refletia em seu interior todo o ambiente de peixes e pesca. Ascânio Guedes era um apaixonado pelo próprio mundo. Em uma das paredes, sobre um armário baixo e largo que tinha todas as portas fechadas, reconheci o quadro de Castagneto, *Os peixes*, que havia visto dois meses antes na galeria de Jacó Filogoni. Mais à frente estava um lindo Aldemir Martins, *Peixe*. Pacheco estava certo: o psicanalista vivia de garimpar e vender quadros para os ricaços das Alamedas. Como meu olhar ainda buscasse a piscina-aquário, ela puxou pela minha mão, usando aquele seu gesto característico de tocar a minha palma com a ponta dos dedos, e colocou-me em frente a uma *bergère*, ao lado da qual acendeu uma luz de leitura.

— Lindo mesmo esse aquário, não é?! Mas trouxe você aqui para lhe mostrar outra coisa, muito mais linda. Um outro aquário. Um aquário que você, mais do que qualquer outra pessoa, saberá apreciar. Pelo menos, assim espero.

Que haveria de mais lindo do que aquela mulher nua, trançando à minha frente diante de um aquário gigante? Dirigindo-se a uma das mesas, Elisa tomou uma pequena pasta de papel e me entregou, dizendo:

— Deleite-se.

O pequeno portfólio, feito de um simples papel cartão azul dobrado ao meio, tinha por fora a inscrição "G. Brasiliensis", feita sem qualquer apuro, como simples indicação de conteúdo. Olhei para ela, ainda sem entender o que se passava. Seu olhar mostrava verdadeira segurança, mas a respiração estava ansiosa, como nos momentos de puro desejo sexual.

— Vamos, abra! — Disse ela sorrindo.

Abri a pasta e caí sentado na poltrona. Dentro havia dez imagens do acará, dez lindas imagens do *Geophagus brasiliensis*, desenhadas no mesmo tipo de papel, envelhecido mas resistente, e com o mesmo traço das aquarelas de Jacques Burkhardt que eu tantas vezes vira no Museu de Zoologia Comparada. Mesmo as anotações das bordas traziam as mesmas caligrafias que já reconhecera antes como sendo de Burkhardt, de Agassiz e do major Coutinho.

— Mas... Que aquarelas são estas? – Disse eu atônito. Passava e repassava as imagens, com as mãos trêmulas. Havia imagens do acará-chifrudo, de fêmeas com os filhotes na boca, de acarás mais claros e mais escuros, com suas listas características. Um verdadeiro conjunto demonstrativo do carazinho. – Elas não são verdadeiras... Ou são?!

Elisa sorriu de maneira intrigante e respondeu:

— É você quem sabe. O que acha?

Então era isso! Tudo não passara de uma sedução barata, apenas para que eu pudesse comprovar se as imagens eram verdadeiras! Joguei as imagens no chão e ameacei levantar. Não sabia se sentia vergonha ou raiva. Elisa tentou me conter.

— Me larga, Elisa! Quer dizer então que você já tem essas aquarelas há muito tempo. Sabendo do meu conhecimento sobre elas, matriculou-se no meu curso, me seduziu facilmente e agora está aqui cobrando o servicinho. Não é isso, cachorra?! Uma armação sua e do marido para saber mais sobre essas aquarelas. Onde as conseguiu? E elas são verdadeiras ou não? E cadê aquele filho da puta do seu marido?

Nesse momento tive a impressão de ouvir passos atrás da porta. Corri para lá. O saguão de entrada e os degraus na penumbra não deixavam ver muita coisa. Gritei para o alto da escada:

— Vem aqui, vagabundo! Eu como a sua mulher, você fica olhando pela greta e agora não tem coragem nem de aparecer? Vem cá, seu corno de merda! – Subi as escadas apressado, mas não havia ninguém. A raiva me fazia ouvir coisas. Voltei para o escritório, enfurecido. Elisa estava calmamente sentada na borda da mesa, esperando que o acesso de fúria passasse.

— Não há ninguém aí, João. Deixa de bobagem. Senta aqui e escuta.

— Escuto porra nenhuma!

— Ora João, não me venha bancar a virgem estuprada não! Um historiador que não escuta é que é um corno de merda! — Disse ela, me tirando do estupor e do acesso de raiva. — Senta aqui e ouve! Depois, se quiser, pode ir embora. Faça o que quiser, mas antes me escuta.

Sentei amuado. Acho que estava mais exaltado por ter caído na sedução do que por estar sendo usado como informante especializado. E me dava mais raiva saber que meu desejo de tocar novamente as imagens era maior do que minha vontade de sumir dali. Não podia negar que queria saber mais sobre as aquarelas. Sua atração era maior do que a raiva ou a vergonha de ter bancado o bobo.

— São ou não são verdadeiras?

— Realmente não sei, João. Esperava que você pudesse me dizer. Vou lhe contar tudo desde o começo.

Elisa deu a volta e sentou-se na cadeira da escrivaninha. Por um momento, ficou meditativa, como se buscasse as palavras certas para fazer o seu relato. Eu olhava para as minhas mãos, sem saber o que dizer. Depois de um longo silêncio, ela começou o relato:

— Você sabe que meu marido possui um complexo de piscicultura e exporta quase toda a sua produção para o mercado externo, sobretudo para os Estados Unidos, além de Portugal, Espanha e até o Japão. O comprador principal fica na Costa Oeste, em São Francisco. Em função dessas relações comerciais, Ascânio viaja muito, a fim de atender aos clientes. Como você pode ver, ele tem verdadeira obsessão por objetos de arte que representem peixes. Vários dos desenhos e das telas que você vê pelas paredes, assim como muitas das esculturas e relevos, foram trazidos de suas viagens.

– Elisa, os carimbos no passaporte do seu marido não me interessam nem um pouco – disse eu enfastiado. Ela continuou seu relato, sem dar ouvidos à interrupção.

– Ainda antes de eu o conhecer, há cerca de seis anos, durante uma de suas viagens a São Francisco, Ascânio entrou numa pequena loja de antigüidades na Hayes Street, em Dowtown, e lá encontrou essa pastinha de aquarelas, assim mesmo com o escrito por fora, jogada no meio de uma banca de postais antigos, entre muito papel velho e *pocket books* de terceira categoria. Como as imagens são lindas, logo chamaram a sua atenção de colecionador. Os vendedores de antigüidades de Hayes Street são gente muito esperta que lá está há dezenas de anos, mas dessa vez parece que os desenhos passaram desapercebidos. Claro que o vendedor reconhecia a beleza das aquarelas, mas pediu por elas uma bagatela que lhe pareceu vantajosa. Ele as considerava apenas como pequenas imagens decorativas para um gosto excêntrico e deve ter ficado feliz por encontrar um brasileiro que as carregou. Acho que ligou o "brasiliensis" da capa à cara de latino do comprador e deu-se por satisfeito. Na verdade, essa opinião descrevia bem a situação. Ascânio também sempre as viu dessa forma. Se você for ao escritório dele no Bonfim, vai ver uma dessas aquarelas pendurada na parede atrás da mesa de trabalho, entre fotos de pescaria e diplomas comerciais.

– Difícil acreditar numa patranha dessas, hem, Elisa?!

– Com certeza! Mas se você se lembrar da história do sumiço original das aquarelas, tal como contada no *site* do MCZ e divulgada mundo afora por você, há de convir, meu caro, que um experiente *antique dealer* da Hayes Street pode muito bem ter sido traído pelo fastio de uma manhã chuvosa de abril.

Nesse ponto ela tinha razão. A história das aquarelas era mesmo inverossímil, uma mistura de arrogância e cegueira que levou ao desaparecimento de mil e quinhentos trabalhos de Burkhardt.

— Tudo bem. Vamos dizer que aceito essa história. Mas onde o bobo aqui entra?

— Você não tem nada de bobo, meu amor. Você é uma delícia que entrou na minha vida. — Elisa disse essa frase enquanto saía da cadeira e vinha sentar, nua e linda, no meu colo. Repeli o seu corpo. Ela recuou do gesto sedutor e continuou a narrativa andando pela sala.

— Desde que nos casamos, vejo por aí essas aquarelas. Sempre pensei em mandar emoldurá-las e fazer um pequeno painel aqui, mas a intenção nunca se concretizou. Quando fui fazer o seu curso, tomei contato com seu livro e lá vi as aquarelas do Burkhardt que você publicou.

— E aí resolveu me usar direitinho...

— Nada disso. Já queria te levar pra cama muito antes de saber das aquarelas. — Sorriu aquele seu riso esplêndido e safado de uma maneira tão natural que quase abri a guarda. Mas, afinal, consegui manter a cara séria e fingir que já não estava louco para ceder. Queria ouvir até onde iria aquela história enrolada. Ela continuou. — Quando vi que em seu livro havia aquarelas iguais às que estavam na minha casa, tive medo de lhe contar e de perder você, exatamente com medo de que você pensasse que eu o estava usando. Que ironia... Fugi dessa situação e ela veio de encontro a mim.

— Mas agora me lembro que, no dia mesmo em que trepamos pela primeira vez, o seu amigo Filogoni mencionou as aquarelas de Burkhardt. Vocês estavam mancomunados para me enganar.

– Não! Ele é meu amigo, somos confidentes. Sempre ajudei na sua relação com o Wellerson e sempre o ajudei a encontrar novos clientes de arte. Quando relacionei essas imagens com as do seu livro, não sabia o que fazer, e fui me aconselhar com ele. Naquela tarde, no restaurante do museu, ele quase deu com a língua nos dentes. Fiquei com muita raiva, mas não o culpo. É o seu jeito. Nas semanas seguintes, quando dei um sumiço, tentei resolver a dúvida por minha conta. Havia mostrado seu livro ao Ascânio. Ele sugeriu que nós o procurássemos, mostrássemos a você os desenhos, mas eu dei uma desculpa qualquer, alegando que você era uma pessoa muito chata, verdadeiramente irascível, e que o melhor seria encontrarmos um outro caminho para checar a autenticidade das aquarelas. Tinha medo de aproximá-los e ele desconfiar do nosso caso. Ascânio não parece, mas é um homem ciumento e capaz de grande violência.

Sua voz tinha o tom de quem já houvera presenciado alguma cena terrível ou sabia de algo que desabonasse a conduta pregressa do marido. Lembrei do Pacheco falando do acidente da primeira esposa, mas achei que já estava delirando.

– E que caminho você tomou?

– Fui para o Museu de Zoologia Comparada, em Harvard. Ascânio não podia ir comigo e, no fundo, estava achando tudo muito fantasioso. Não podia acreditar que tivesse encontrado um pequeno tesouro. Fui sozinha. Meu inglês é muito ruim e não sei nada de ciências. Os atendentes do MCZ viram logo que eu não era nenhuma pesquisadora. Tratava-se apenas de uma turista querendo xeretar arquivos. Remeteram-me então à área aberta do museu, com suas estantes de madeira, caixilhos de vidro e animais empalhados, dizendo que eu poderia consultar todas as imagens *on-line*, já que o arquivo de Burkhardt havia sido digitalizado desde que você retirara aquelas imagens do limbo. A atendente, uma alemã com cara de poucos amigos, disse que havia terminais de consulta em todas as salas interativas e que, se eu não soubesse operar o computador, disse ela com certa ironia, poderia pedir ajuda a qualquer um dos funcionários. Ou seja, voltei para casa com as mãos abanando.

– Por que não levou algumas dessas imagens com você para o Museu? Bastava mostrar ao curador e ele ficaria deslumbrado.

– Você é mesmo ingênuo, hem, João! Acha que o Ascânio, enquanto colecionador, mesmo tendo muitas dúvidas sobre a autenticidade, ia querer que sua coleção fosse exposta para os possíveis donos anteriores? Jamais me deixaria levá-las, meu bem! Na hipótese de elas serem verdadeiras, o museu viraria uma sarna em cima de nós. Enquanto fui para Massachussetts, elas ficaram aqui, guardadas num cofre. Mas é verdade que levei cópias comigo, feitas pelo Filogoni lá mesmo na galeria.

– Quer dizer que, além de veado e asqueroso, ele é também falsificador.

– Não seja bobo, João. Ele usa cópias de imagens para trabalhar. Quando vi que não conseguiria nada em Massachussetts, voei direto para Portugal, onde tenho um amigo marchand e grande conhecedor de arte. Baseado nas imagens da página do museu, ele me deu quase certeza de que elas seriam verdadeiras, mas afirmou também que nenhum especialista ou comerciante atestaria essa autenticidade sem que as pranchas pudessem ser comparadas com os originais, o que me levava de novo à estaca zero dos arquivos de Harvard.

Ela tinha razão, levar as imagens ao museu seria complicado para quem pretendia guardá-las como troféu privado. Ainda que os antigos administradores tivessem responsabilidade no desaparecimento das aquarelas, o fato acontecera há quase setenta anos, e os novos administradores fariam tudo para reparar o erro que manchava a reputação do Museu de Zoologia criado por Agassiz. O fato de terem digitalizado as aquarelas, com o intuito de preservar as que restavam, e de reconhecerem publicamente o erro do passado eram por si mesmos uma reafirmação da honestidade, do senso de verdade e do rigor científico que caracterizam aquela instituição, espelhados na mudança de atitude em relação ao trabalho de Burkhardt, que os levaria a pressionar qualquer colecionador privado que aparecesse com as aquarelas sumidas.

– Enfim, decidimos que devíamos consultar você. Sendo uma das poucas pessoas fora do museu que viram e manipularam aquelas aquarelas, só você poderia atestar se estas são verdadeiras.

– E o que eu ganho com isso? – Disse impensadamente.

– Uauuu! Não esperava que você dissesse isso, professor! Mas tenha certeza que, se colocar as coisas para o Ascânio nesses termos, pode ser muito bem recompensado.

– Você realmente me trata como se eu estivesse à venda, hem?!

– Alto lá! Não fui eu quem falou em ganho, e sim você! – Ela me apanhara na mais elementar das contradições. – Eu esperava um comportamento muito diferente da sua parte.

– E o que esperava? Que compactuasse com esse roubo?

– Ora, João! Você sabe muito bem que as aquarelas sumiram porque o museu as desprezou. Não há aqui qualquer roubo. O que esperava é que você entendesse o óbvio: se confirmar para o Ascânio a autenticidade das aquarelas e, ao mesmo tempo, recusar qualquer oferta de recompensa monetária, cairá nas graças dele. Poderá freqüentar essa casa como amigo. – Ato contínuo, Elisa cavalgou sobre mim e começou, como uma louca, a tentar me beijar. – Eu te quero meu amor, será que não entende isso?! – Meu corpo queimava sob sua boca, enquanto eu tentava desesperadamente não embarcar na viagem.

– Pára, Elisa! – Ela agia como uma alucinada, um vulcão prestes a explodir. – Pára, já disse! Me deixa ver as aquarelas! – A frase a trouxe de volta à realidade. Virou-se de lado e sentou-se no chão, olhando-me esgazeada, enquanto eu apanhava as aquarelas. Depois de reuni-las, sentei-me ao seu lado no chão e comecei a repassar as imagens.

Não havia dúvida, eram verdadeiras. Eu não poderia me enganar. O mesmo traço elegante, a mesma paleta estupenda, o mesmo papel conservado, as mesmas inscrições, as mesmas caligrafias, tudo compunha um quadro de absoluta certeza. Depois de muito apreciá-las, falei solene:

– Sem dúvida, são elas. – Elisa pulou exultante. – O fato de que são todas do acará e foram acondicionadas nessa pasta com a inscrição por fora denota que alguém tentou e talvez tenha chegado a organizar todo o conjunto. Não havia outras lá no antiquário de São Francisco?

– Enquanto fui a Cambridge e a Portugal, Ascânio estava em São Francisco e voltou ao antiquário em busca de outras. Revirou a loja e muitas outras ao seu redor, mas não achou mais nada. – Disse ela fechando a história.

– E agora? – Disse eu, olhando para ela.

— Agora estamos todos nas suas mãos. Seja como for, não há mais como esconder essa autenticação do Ascânio. Havia dito a ele que iria levar uma das imagens para que você analisasse. Ele está viajando, mas chega no sábado. Vou fazer uma pequena recepção, coisa íntima. Venha. — Sua frase era ao mesmo tempo uma ordem e uma súplica.

Não conseguiria guardar aquela revelação das aquarelas sem dividir com Pacheco e Eliana, meus dois amigos queridos. Eliana, por causa dos seus aquários, e Pacheco, por causa do seu andirá e do sonho de encontrar nas aquarelas perdidas de Burkhardt as indicações precisas dos lugares de ocorrência do peixe-símbolo de sua luta. Decidi que queria levá-los à festinha.

— Posso trazer um casal de amigos? Um deles, o Ascânio até conhece. Trata-se de um desafeto. Quem sabe assim fazemos uma boa ação de reconciliação?

— Pode trazer quem você quiser.

A frase selou uma espécie de trégua entre nós dois. Até sábado eu deveria pensar sobre que atitude tomar. A trégua trouxe também envolvimento. Trepamos ali mesmo, de luzes apagadas, embevecidos pelos raios da lua que atravessavam a piscina e prateavam nossos corpos, acarás territorialistas num aquário gigante.

Reunião

Quando cheguei à frente da mansão de Elisa e Ascânio Guedes, com as primeiras estrelas aparecendo no céu fosco do fim de junho, Pacheco acabara de estacionar o carro. Trazia Eliana consigo, graciosamente enfiada em uma calça jeans justa e uma blusa de seda azul escuro, coberta por um casaquinho de cashemere azul claro. O conjunto realçava os olhos de Eliana e a transparência de sua pele leitosa. Pacheco parecia apreensivo com aquela visita ao seu antigo patrão e desafeto. Não que o desentendimento tivesse chegado às vias de fato, mas Pacheco remoía o mal-estar das desavenças ecológicas.

– Acho que não devia ter vindo. – Dizia ele. – Se o assunto descambar para as ações do Guedes no Alto Rio Doce, não sei não. Vai dar confusão. Sou capaz de não me controlar.

– Então deixa que eu te controlo. – Interveio Eliana. – Não vai agora bancar o deseducado.

– Acho que não vai acontecer nada disso. – Concluí. – Elisa sabe quem é você. A esta altura, o Guedes já sabe da sua presença. Se não reclamou até agora, não vai reclamar mais. Vai ver, até, que o Gustavo Veloso já preparou o terreno para uma reconciliação.

– Ah, não! – Gritou o Pacheco. – Posso ser educado, sobretudo em atenção ao doutor Gustavo, mas isso já seria demais.

Eliana, sempre delicada e disposta a não se envolver em complicações, fechou de vez a questão:

– Então cale a boca, curta a comida e a bebida, divirta-se e não se deixe influenciar por nada.

Fomos recebidos por uma empregada. Depois de atravessarmos os jardins de buritis e cruzarmos o pequeno lago, através de uma ponte em arco, circulamos o deck da piscina para entrar no salão principal da casa, mas fomos surpreendidos pela presença de uma silhueta feminina deitada sobre uma das espreguiçadeiras da piscina, ocupada em contemplar os restos de luz que douravam o poente e riscavam reflexos sobre o espelho da Lagoa da Pampulha.

– Verinha? É você?! – Disse eu, reconhecendo minha amiga garota de programa. Verinha sentou-se na espreguiçadeira e abriu seu sorriso contagiante:

– João Ninguém, você por aqui!

Os olhinhos de coelho da Eliana piscaram inquietos, sinal de alerta da sua índole ciumenta. A reunião prometia ser uma seqüência interminável de embaraços para mim. Já não bastava ser apresentado ao marido de Elisa, driblar Eliana para que não cismasse com minha amante, segurar a onda verde do Pacheco e ainda mais agora essa presença, capaz de embolar de vez a partida. A vantagem é que Verinha tinha sempre muita ginga e não se apertava por qualquer situação. Estava acostumada a fazer fachada e desempenhava sempre com segurança o seu papel. Apressei-me em fazer as apresentações e evitar maiores equívocos:

— Esta é a Vera, secretária do deputado Severiano Almeida. Ele está por aqui? Você está com ele?

Pacheco piscou-me irônico, pois conhecia o deputado de outras paragens e bem sabia o papel que ali cumpria a Verinha. A presença da prostituta de luxo veio a calhar, pois desanuviou o semblante antes carrancudo do biólogo. Depois de cumprimentá-los com delicadeza profissional e receber a explanação sobre as relações que ligava cada um de nós a todos os outros, Verinha respondeu logo à minha pergunta:

— Doutor Severiano está aí sim. Foi lá para dentro, arrastado pelo dono da casa. Enquanto isso, eu estava aqui encantada com o pôr-do-sol. Parece que a noite quer chegar, mas a luz alaranjada não permite e nunca vai embora. Linda a sua blusa, Eliana!

O charme estudado de Verinha desarmou também a Eliana. As duas logo entraram numa conversa feminina de roupas e sapatos, casacos e botas, enquanto Pacheco já atendia à sugestão do garçom e calibrava a dose dupla do velho e bom whisky 12 anos. Nada como uma bela dose de escocês para transformar recém-apresentados em velhos amigos. Aproveitei o momento de descontração e afastei-me, deixando-os entretidos com a própria conversa. Estava ansioso por encontrar Elisa, se possível antes de conhecer o marido.

No salão principal não havia ninguém. Chegáramos na hora marcada, sem considerar que essa é uma convenção pouco respeitada na cidade. "Lá pelas sete" significa muitas vezes que a reunião começa às 10 horas. Quando o jantar sai, à meia-noite, metade dos convidados já está embriagada e a outra metade se empanturrou de salgadinhos e pastas que prometem uma bela azia para o dia seguinte. Mas esse não seria o caso. Elisa tinha interesses na festa e não ia deixar que as coisas se estendessem indefinidamente sem controle. Atravessando a sala, tomei a escada em direção ao escritório, talvez na esperança de encontrá-la por lá. Acabei vislumbrando uma cena muito diferente.

Ao chegar ao andar de baixo, ouvi vozes alteradas, que se revelaram como sendo de Severiano Almeida e de Ascânio Guedes. No calor da discussão, não perceberam que a porta estava semicerrada. Não sou de ouvir atrás de portas, mas não resisti à ocasião. Severiano andava de um lado para o outro, enquanto Ascânio postava-se na escrivaninha, calmamente assentado, bebericando um whisky, à espera dos acessos de cólera do deputado. Severiano Almeida emborcava sofregamente o scotch e despejava a sua raiva sobre o oponente:

– Você me deve, Ascânio! – Gritava Severiano.

– Devo nada! – Respondia Ascânio, escandindo as sílabas.

– Deve sim! Se não fosse eu, você não teria liberado aquela porcaria daquele lago.

– E agora, por causa disso, você quer foder o outro lago aqui às minhas custas. Não vai mesmo! E tem mais, você me ajudou a liberar o Tilápia por interesse seu. Sei muito bem quanto isso me custou. Portanto, não vem bancar o benemérito aqui não. Não te devo nada!

Ascânio falava de modo natural, sem alterar o tom da voz. Sua aparente segurança denotava controle da situação, mas o tom seco soava como uma declaração de guerra. Severiano voltou à carga:

– Eu, benemérito?! Quem tá bancando o benemérito aqui é você! Vai me dizer agora que virou defensor da

Lagoa?! A convivência com o Gustavo Veloso te deixou de miolo mole? Ascânio Guedes ecológico: só rindo. Conta outra, Ascânio! Conta outra! Ou você me apóia ou arrebento o seu negócio!

— Arrebenta coisa nenhuma. Você não tem cacife para isso. Sua base de apoio está esfarelando, sua influência na Assembléia diminui a cada dia. Se não conseguir sair candidato a prefeito, vai ter de voltar a pedir votos na periferia de Corinto ou de Curvelo para ver se consegue uma vaga de vereador.

— Você tá brincando com fogo, caboclo. Não sabe do que eu sou capaz ...

— Sei muito bem. Sei de todas as suas capacidades, para não dizer atrocidades. Mas não vou ceder a uma chantagem barata dessas. E não é que não goste de dinheiro, como você bem sabe, nem porque virei verde, como você diz. É simplesmente porque você, Severiano, está virando carta fora do baralho. Investir em você é jogar dinheiro fora. Essa sua idéia para a Pampulha não passa nem aqui nem na China comunista, e eu não vou botar meu dinheiro nessa roubada. Arranja outro projeto.

Então era isso... O lago de que falavam era a Lagoa da Pampulha. Do que tinha ouvido, ficara claro que Severiano dera apoio parlamentar à empreitada de Ascânio no Tilápia Viva. Pacheco nunca entendeu como foi que o Guedes conseguiu as liberações ambientais para fazer as modificações no projeto original do resort de pesca, mas a explicação estava ali na minha frente e era muito simples, coisa que o Pacheco intuíra mas não tinha como provar: tráfico de influência parlamentar azeitado com muita grana para todos os bolsos necessários. Será que doutor Gustavo fazia parte daquela corriola? Nesta altura, já não dava para acreditar em nada e em ninguém. Uma vez implantado o projeto, Severiano Almeida vinha cobrar uma conta maior do que a simples propina. Cobrava apoio financeiro e, digamos, técnico, para a sua candidatura à prefeitura de Belo Horizonte. Sim, porque o apoio público de um grande industrial e comerciante como o Guedes, homem de muitas relações na área das ações de meio-ambiente, habitat político de Severiano, poderia arrastar consigo outros valiosos apoios, capazes de criar a corrente de força necessária para levar o deputado, um político em decadência, à prefeitura de Belo Horizonte.

Desde que, ainda jovem, percebera os ventos esquerdizantes crescendo na política e tivera certeza de que as plataformas de esquerda seriam o caminho ideal para o seu arrivismo e a sua vocação neocoronelista, Severiano tentara sustentar sua ação parlamentar em várias frentes que passavam pelas políticas de meio-ambiente. Uma das mais ativas havia sido, anos atrás, a criação do Grupo de Defesa da Lundlândia, espécie de ONG do Cerrado em defesa das grutas calcárias do Meio-Norte mineiro. No distante século XIX, Lund já havia saqueado devidamente as grutas, enviando os restos fósseis do hominídeo americano para a Sociedade dos Antiquários do Norte. Os saqueadores agora eram outros, de outro tipo. A diferença entre os dois tipos é que Lund acreditava na ciência, tinha lá suas convicções. Seu Homem da Lagoa Santa configurava uma evidência da evolução humana, da qual Lund tinha receio. O novo espécime era apenas um cínico, um oportunista, um manipulador do imaginário popular sobre o meio ambiente, com vistas ao enriquecimento rápido e indolor. Do fundo das cavernas calcárias, de São José da Lapa ao Vale do Peruaçu, brotara alegre e satisfeito o *Homo saquiens*, que agora estava ali, vestido de paletó e gravata, exercendo o seu instinto predador. Sua nova cartada, ação desesperada de quem vê os apoios se esvaindo, passava por um projeto para a Lagoa da Pampulha, para o qual precisava do apoio de Ascânio Guedes. Parecia natural essa fixação do deputado sertanejo na Lagoa pois, afinal, o sertão começa na Pampulha. Essas idéias voavam pela minha cabeça, enquanto o político e o marido de Elisa continuavam sua contenda:

– Ascânio – dizia Severiano, mudando de tom –, será que você não vê a grana que podemos ganhar? Segue meu raciocínio. O lago tem 2,4 quilômetros quadrados. Um terço já está seco mesmo. Se a gente secar mais um pouco essa porcaria e chegar à metade, acabando com aquele parque ecológico idiota, vamos ter uma área de um milhão e duzentos mil metros quadrados. Tirando a parte das ruas e áreas comuns, sobra espaço para cem quarteirões, porra! Dá pra fazer um bairro inteiro. Mil lotes, caralho! A gente manipula o leilão desse mundão de terra, compra barato da prefeitura e vende caro no mercado. Nós vamos arrebentar de ganhar dinheiro!

– Sei muito bem fazer contas, não precisa me ensinar. Pensa que eu já não sonhei com isso? Claro que sim. Mas não vai funcionar.

– E por que não? – Severiano inquiria o interlocutor, enquanto se servia da garrafa de whisky que estava sobre a mesa. Enchia o próprio copo e emborcava num fôlego, para só depois servir uma dose normal com gelo. Entre uma e outra, completava o copo de Guedes. Eu ouvia estupefato atrás da porta. – Me diz, por que não? Se tiver o seu apoio e, obviamente, a sua grana para a campanha, construímos a idéia de que metade da Lagoa está mesmo condenada. Você arranja os técnicos pra justificar essa idéia. Aquele merdinha do Pacheco deve topar essa com facilidade. Com aquela pose de verde, só está esperando a oportunidade certa para se vender. Daí eu entro com a plataforma salvacionista, mostrando que é melhor transformar o que já está perdido do que perder mais. Não tem erro. Um projeto mais visionário que o de qualquer Juscelino. Ganho a eleição, e fazemos o melhor negócio dessa cidade desde a sua fundação. Se você não topar, vou acabar encontrando outro que tope, e você vai ficar lambendo o dedo.

– Sabe por que não? Porque para tentar uma empreitada dessas, você precisava estar por cima e ter certeza de que seria escolhido candidato. Precisava não ter queimado sua imagem com tanta gente ao longo do tempo, de maneira a garantir os seus votos. Precisava ter uma base de apoio melhor aí nessa zona norte, coisa que você tentou mas não conseguiu. Portanto, meu caro, você é um azarão. E eu não aposto em azarão, só em barbada. Agora chega dessa conversa! Elisa deve ter descido, e as outras pessoas devem ter chegado.

Ascânio levantou-se e veio em direção à porta. Com o coração aos saltos, procurei um lugar para me esconder. Se subisse a escada, correria o risco de ser visto por eles antes de chegar ao andar de cima. Tentei a porta da adega. Não estava trancada, e eu não titubeei. Uma vez do lado de dentro, vivi a aflição de que Ascânio, a essa altura do whisky, cismasse de buscar ali uma nova bebida. Que estupidez a minha! Teria sido muito melhor entrar no pequeno lavabo que fica no mesmo hall e serve a quem está no escritório, além de servir de apoio aos convidados do salão superior, numa noite como aquela. Ali eu poderia facilmente trancar a porta sem necessidade de justificativas. Mas não havia como voltar atrás. Não puxei a porta. Deixei-a aberta, de modo natural, e fiquei escondido atrás, como quem olhasse as garrafas na estante. Já preparava meu álibi de conhecedor de vinhos, quando percebi que tinha dado sorte. Eles passaram direto, sem me notar. Pela fresta da porta, pude perceber que Severiano Almeida seguia atrás, com o semblante fechado de quem prepara uma posterior explosão de raiva.

A adega reservava uma intrigante surpresa: entre os nichos abarrotados de vinhos nobres, uma lâmina de luz atravessava a parede que separava a adega do escritório. Olhando de perto, pude reconhecer, pela disposição do interior, que a lâmina de vidro era na verdade a moldura inferior do espelho do escritório. Aquele pequeno caixilho de vidro permitia, a quem estivesse, como eu, na adega, controlar todos os movimentos dentro do escritório, sem ser visto, já que o lado espelhado impedia a visão da adega. Ficou claro para mim que Ascânio Guedes era mesmo um homem perigoso. O engenho possibilitava que ele avaliasse seus interlocutores antes de enfrentá-los, ou mesmo que colocasse um preposto para analisar as reações de um dado oponente em meio a uma conversa na qual ele ficava de protagonista.

Pensando nessa possibilidade, veio-me à mente a lembrança do barulho que ouvi dois dias antes, quando estava no escritório com Elisa. Ela insistira em que não havia ninguém lá, mas agora eu estava mais certo do que nunca de que o Guedes nos espionava, como um *voyeur* que gosta de ver a mulher sendo comida por um estranho. E a cachorra fazia o jogo. Se assim não fosse, por que me levar para o escritório? Para mostrar as aquarelas de Burkhardt? Poderia perfeitamente tê-las trazido para o quarto. O que ela queria era dar para mim com o marido olhando. Elisa era mesmo uma exibicionista. Gostava de mostrar o que fazia, de se exibir, como a dizer: "está vendo?! Sei o que faço". Foi assim desde a primeira vez que a vi, em sala de aula, controlando a eletricidade entre nós. Pacheco tinha razão, era preciso tomar cuidado. Porém, naquela situação, não havia nada a fazer, a não ser atravessar a reunião com a cara mais tranqüila possível.

Havia uma porta no hall inferior que dava acesso direto ao jardim. Tratava-se de uma entrada exclusiva para o escritório, através da qual o dono podia receber pessoas para tratar de negócios, sem contato com a parte íntima da casa. Saí por ali, driblei os buritis e juntei-me ao grupo que estava no terraço, como quem retornasse de um passeio pelo jardim.

– Olá, professor, que prazer! – Elisa descera para o salão no momento em que Pacheco, Eliana, Verinha e eu deixávamos o terraço, o mesmo instante em que Guedes e Severiano subiam pela escada interior. Na sala estavam Jacó Filogoni, entretido a olhar os quadros e objetos de arte, e um homem magro, de rosto anguloso e olhar esgazeado, metido em uma camisa social excessivamente larga, indício de que não estava acostumado àquela roupa. O modo como estava assentado, na ponta do sofá, denotava igualmente que o ambiente lhe era um tanto desconfortável, coisa de peixe fora d'água. Fixava os olhos numa revista, como forma de isolar-se na própria falta de graça. A entrada de Elisa fez com que levantasse imediatamente os olhos e esboçasse um tímido sorriso dirigido à anfitriã.

Vim a saber depois que se chamava Alceu. Era gerente do frigorífico de Ascânio Guedes, que ficava no Bonfim. Enquanto Guedes cumprimentava o seu funcionário e Jacó Filogoni, ao mesmo tempo em que os apresentava ao deputado Severiano Almeida, Elisa atravessou o salão e veio nos receber. Deu-me os dois beijinhos protocolares, sem demonstrar qualquer preocupação. Ela era mesmo uma grande atriz, capaz de representar vários papéis ao mesmo tempo. Agora encarnava a dona de casa, anfitriã elegante a receber os convidados do marido. – Este aqui deve ser o Pacheco, estou certa?!

– Está sim, Elisa. – Disse eu apresentando o casal. – Estes são o Pacheco e a Eliana.

– Grande prazer – disse Eliana, sempre cordial, seguida por um Pacheco apreensivo que resmungou um olá quase incompreensível.

– O prazer é todo meu. O professor já me falou muito de você, Pacheco. Só não tinha me falado desse encanto chamado Eliana. – Minha amiga aquarista olhou-me de lado, como a perguntar que sentido tinha aquela frase. Ficamos todos ostentando calados aquele sorriso padrão, enquanto Elisa dominava a cena. – Sejam bem-vindos. E quem é esta moça linda aqui? – Perguntou ela, voltando-se para Verinha. Essa era escolada e não precisava de ninguém para administrar qualquer situação. Ela mesma se apresentou:

– Eu sou a Vera, secretária do deputado Almeida. Mas me chama de Verinha. Vera é só para o trabalho, e eu estou me sentindo em casa. – Disse ela, escancarando seu sorriso profissional. – Que perfume é esse? Que delícia!

Verinha sabia o ponto fraco de todas as pessoas. Fazia parte do seu instinto. Dizer que estava em casa caiu como um elogio, ao mesmo tempo em que mencionar o cheiro bom de Elisa revelava sua agudeza sobre o que encanta as pessoas. Elisa estava toda vestida de preto, modelada numa calça justa de couro que marcava seus contornos sensuais de matrinxã na corredeira, exalando aquele aroma de sabonete e protetor solar que dava a quem estivesse ao seu lado a constante sensação de que ela saíra diretamente da água para o convívio da sala de estar. Enquanto as duas trocavam afabilidades, sob o semblante ainda tenso do Pacheco e o olhar miúdo e risonho de Eliana, Ascânio Guedes aproximou-se do grupo. Elisa me apresentou sem grandes cerimônias:

– Ascânio, deixa eu te apresentar o João, meu professor. – Guedes foi polido, mas a sua voz já denotava a alteração provocada pelo álcool que vertera goela abaixo durante a contenda com Severiano Almeida:

– Prazer, professor. Cheguei de viagem e recebi a grande surpresa. O senhor tem certeza? Temos muito o que comemorar.

– Ascânio – repreendeu Elisa –, não estrague a festa. Tudo tem sua hora.

Ele com certeza falava do reconhecimento da autenticidade das aquarelas de Burkhardt. Não sabia até onde ele queria que outros soubessem do fato e por isso respondi evasivamente, sem dar detalhes sobre o assunto:

– Acho que sim. Difícil errar num caso desses.

As pessoas à volta ficaram sem compreender, e o mal-entendido caiu na conta das conversas de festa. Tendo feito a apresentação, Elisa deixou o grupo para cumprimentar Filogoni e Alceu e dali seguiu para a copa, para dar ordens sobre o jantar. Pacheco e Eliana pouca atenção prestaram à frase, uma vez que estavam preocupados com o reencontro dos desafetos, e Verinha apenas observava a situação, do alto da sua ironia, pouco interessada no conteúdo das conversas. Guedes foi quase efusivo com Pacheco:

– Meu caro Pacheco, que bom tê-lo aqui! Há quanto tempo não aparece lá no Tilápia! – Agia como se nada houvesse ocorrido entre os dois. De concreto, nada ocorrera, a não ser o fato de que Pacheco tivera seus serviços dispensados e passara a fazer oposição pública ao empreendimento de Guedes. – Você precisa voltar lá. O lago está uma beleza, dando peixe de encantar os hóspedes. E os criadouros estão mais cheios do que nunca.

– Dependendo das espécies que estão sendo criadas, pode estar mesmo uma beleza. – A frase soava dúbia. Eliana olhou severa para o namorado, ou melhor, virou-lhe o rosto e apertou muito os olhinhos. Pacheco entendeu logo e tratou de esfriar o ânimo. – Uma hora dessas passo por lá.

– Pois olha, passe mesmo. Vamos marcar um dia de pesca, sem preocupações. Vocês são meus convidados. Aliás, vocês todos: você, a sua namorada, o professor e até o meu amigo aqui, deputado Severiano Almeida. – A última frase foi dita puxando o deputado para o grupo. – Ele tem umas idéias novas que você vai gostar muito de ouvir.

Severiano fuzilou Guedes com seus olhos injetados de whisky, enquanto o anfitrião, já visivelmente bêbado, estourava numa gargalhada sardônica e emborcava mais um copo entre tosse e lágrimas. A noite prometia, com os dois já alterados tão cedo. Sem grande ânimo, Severiano reuniu-se ao grupo e postou-se ao lado de Verinha, que mantinha seu sorriso encaixado nos lábios. Ela adorava ver o cliente em apuros. Fomos todos salvos pela entrada solene do doutor Veloso. Pacheco era o mais aliviado. A presença do velho mestre lhe dava um porto seguro para a conversa, sem aquela incômoda sensação de pisar em lages escorregadias. Filogoni também reuniu-se ao grupo para cumprimentar o velho cirurgião buco-maxilo-facial. Somente Alceu ficou tímido no seu canto, concentrado no retorno de Elisa da copa. Doutor Veloso logo ocupou o centro da roda, agora com todos os convidados. Ele angariava naturalmente a simpatia das pessoas e tinha para cada um a palavra certa de elogio, sem afetação ou falsidade, mas com a segurança de quem já viveu e viu de tudo.

– Meu caro professor João! Soube por dona Elisa Guedes que o senhor está a ministrar um curso encantador sobre arte e cultura brasileira, no qual o *topos* da ciência constitui peça central.

– É bondade da Elisa, doutor Gustavo.

– Bondade, não. Conheço o seu trabalho de pesquisa histórica, tenho o seu livro, com que o Pacheco aqui me presenteou, e posso muito bem aquilatar a qualidade das suas aulas, mesmo sem ter tido o prazer de ouvi-lo.

– Para um historiador metido a entender de ciências, até que o João não se sai mal. – Disse irônico o Pacheco. Pela primeira vez seu semblante desanuviou por completo. Recebeu de Eliana um afago no rosto, enternecida que estava por ver desfranzir o seu cenho. Uma vez mais interveio Ascânio Guedes, dirigindo-se ao velho professor:

– Pois acho que hoje poderemos todos ouvir o professor João sobre suas pesquisas de história da ciência.

Antes que eu pudesse me manifestar, Eliana dirigiu-se ao velho professor:

– O senhor é que precisa nos contar como andam as coisas. Não tem aparecido lá na loja. Já não gosta mais de peixes?

Todos riram da tirada de Eliana, afinal os peixes são a vida de Gustavo Veloso. Jacó Filogoni não deixou que o velho respondesse, antecipando um comentário:

— Doutor Veloso deve estar muito ocupado ainda com as cirurgias, além dos peixes, é claro.

— Nada de cirurgias — declarou Veloso. — A única cirurgia que faço atualmente é a taxidermia. Acho que encontrei na preparação de peixes uma forma de manter dois gostos numa única atividade.

— O senhor tem feito taxidermia? — Perguntou Filogoni. — Sabe que, quando estava na universidade fazendo Psicologia, meu desejo era o de ter feito medicina, sobretudo por causa da anatomia e da cirurgia?! Tive e tenho muitos amigos lá. Vários foram seus alunos e falavam maravilhas das suas aulas.

— Meu caro, isso não é lastro, é velhice. Quem tem a minha idade já foi professor de todo mundo que está aí, por uma simples questão de prazo. — A frase provocou uma gargalhada na roda. — Mas, para respondê-lo, digo que sim, tenho feito muita taxidermia. Encontrei no fundo da minha biblioteca um velho manual escrito por um americano, no século XIX, chamado George Sceva, que aliás esteve no Brasil, como o professor aqui pode atestar. — Assenti com a cabeça, enquanto Pacheco fazia um sinal de aprovação. Veloso continuou a falar. — Com exceção das técnicas de secagem, que agora contam com novos produtos, as técnicas de corte e montagem são as mesmas descritas nesse manual do meu tempo de escola. E olha que lá se vão quase setenta anos. Faço por puro passatempo e para manter a mão firme.

— Apenas em peixes, doutor? — Indagou Filogoni. — Pergunto porque a anatomia dos peixes também me impressiona muito. Enquanto colecionador de arte, tenho uma predileção especial pelas imagens de peixes.

Tive a impressão de que Filogoni dirigia a mim a última frase. Lembrei-me do nosso almoço, quando fez perguntas sobre Burkhardt. Naquela tarde no Museu, nada percebi, mas estava claro, para quem tivesse atenção, que ele também já sabia das aquarelas, como Elisa depois me confessou. Que pateta eu fui de não perceber as suas indiretas sobre o aquarelista. Devia estar louco por elas, louco para confirmar sua autenticidade, e faria qualquer coisa para obter ao menos um exemplar dos desenhos. Saberia ele que eu já reconhecera a autoria dos trabalhos? Ora, se não soubesse ainda, saberia nesta noite, pois Elisa não o convidara por acaso, e as frases bêbadas de Ascânio me empurravam para uma espécie de sessão solene de reconhecimento dos desenhos, cujo motivo me escapava.

– Bem – respondeu doutor Veloso –, como não fabrico tamborins e não posso tirar o couro de uns e outros que bem o merecem, fico nos meus peixes. Ao menos, treino para fatiar um bom assado.

A gargalhada foi geral. Elisa chegou da copa a tempo de ouvir a última frase e aproveitar o mote:

– Pois convido o doutor Veloso a destrinçar o nosso prato. O jantar está servido.

Subimos os degraus que separavam o salão, situado no mesmo piso da piscina e do terraço, da sala de jantar, que ficava num intervalo entre o primeiro e o segundo piso. Nesse amplo mezanino, nos defrontamos com uma longa mesa ovalada, ladeada por enorme janela que trazia para o jantar a visão da Lagoa. O serviço foi à americana. O garçom que circulava pela sala permaneceu encarregado apenas das bebidas. De passagem, ouvi Elisa instruí-lo a liberar todos os funcionários da copa e da casa logo após o fim do jantar e a recolha da mesa.

Doutor Veloso, a princípio, fechou a cara quando viu que deveria destrinçar um tucunaré. Sua educação não permitia uma reprimenda ao dono da casa, mas aproveitou para lembrar da matrinxã, no que foi secundado por Pacheco. Ascânio entendeu a indireta, e os três, sobretudo o biólogo e o industrial, tiveram um momento tenso. Eliana cerrou os olhos, aflita com a alteração de humor do namorado. Se, por um lado, ela sabia que as diferenças entre doutor Veloso e Ascânio Guedes eram quase protocolares, ainda que grandes, por outro lado tinha medo de que uma faísca naquela conversa pudesse trazer à tona a raiva que Pacheco nutria por Guedes. Naquele momento, arrependeu-se de ter ido à reunião. Os ânimos foram serenados por Elisa, que sabia os motivos daquela rusga construída em torno do peixe, e pelo próprio doutor Veloso, incapaz de levar à frente uma contenda que ferisse os anfitriões. De bom grado e com grande elegância, operou seus cortes precisos sobre o assado de peixe, entre explicações anatômicas e palmas dos convivas. Antes arredio, Alceu passou a divertir-se, achando graça nas tiradas do bem-humorado professor de cirurgia. Ao mesmo tempo em que ouvia explicações anatômicas sobre peixes, mantinha olhos na anatomia de Elisa. Reconheci a mim mesmo no seu encantamento por aquela mulher sedutora e achei muita graça. Ela parecia nem perceber, mas eu já a conhecia o suficiente para saber que nunca ficava indiferente a um admirador, mesmo que não lhe desse chance, como parecia ser o caso. Por outro lado, Severiano Almeida olhava catatônico para o copo de whisky, enquanto Verinha fazia o papel de secretária alegre e se deleitava em contemplar a humilhação de seu cliente. Todos os outros se compraziam na fala mansa e cheia de encanto do velho cirurgião a contar casos de memoráveis pescarias.

Elisa brindou o marido com seu cardápio favorito: de entrada, caldo de cabeça de piranha. Em seguida, salada de rúcula com biribiri e azeitonas pretas. Como prato principal, um largo tucunaré-açu enrolado em folha de bananeira e assado sobre achas de eucalipto citrodora, ladeado por tomates frescos cortados em gomos e coberto por alcaparras e muito azeite. Para acompanhar, arroz negro salpicado de alecrim e purê de mandioquinha amarela com muita salsa picada. De sobremesa, requintes do Cerrado: mousse de araticum, condessas geladas e licor de leite, segundo a receita miraculosa das quituteiras de Peçanha, no Alto Rio Doce. Mesmo que Guedes, Severiano e Pacheco continuassem no scotch, o serviço de vinhos foi soberbo: red zinfandel californiano para o caldo de peixe, cortes alentejanos para o tucunaré e tokay para as condessas, este último dedicado aos que não sabem apreciar o licor de leite. Para deleite do paladar de Eliana e para orgulho do latino-americanismo canalha de Severiano, o café forte foi acompanhado de cigarrilhas cubanas. Durante todo o jantar, procurei nos olhos de Elisa um sinal sobre o sentido do que acontecia, mas nada consegui. Seu olhar de anfitriã impecável parecia ter somente interesse em agradar ao marido, àquela altura tão embriagado quanto Severiano Almeida.

— Aqui está a surpresa da noite.

Enquanto estávamos reunidos no salão a tomar café e licor e a degustar as cigarrilhas castristas, Elisa confirmou na cozinha a dispensa dos empregados e desceu ao escritório. Não queria serviçais bisbilhotando o achado de Guedes. Na volta, trazia a pasta de cartolina com a inscrição "G. Brasiliensis" que eu manuseara na quinta-feira. O olhar curioso dos convivas dirigiu-se à pequena pasta, sem que pudessem atinar com o que guardava aquela dobra de papel. Apenas Filogoni parecia mais satisfeito do que curioso.

— Trata-se então de um jantar-surpresa — ponderou doutor Veloso.

— Com certeza, doutor — respondeu Elisa. Ato contínuo, abriu ela a pasta e exibiu as dez aquarelas de Burkhardt. Eliana foi a primeira a ligar as pontas:

— Mas eu já vi esses desenhos. Já sei onde! No seu livro, João!

— Não são as mesmas — respondi eu. — Trata-se de desenhos do mesmo tipo, feitos pelo mesmo autor, mas não das mesmas lâminas que publiquei. São outras, parte do tesouro desaparecido de Burkhardt.

— Tesouro desaparecido? — Balbuciou Severiano Almeida.

— Que tesouro é esse? — Indagou Alceu. Enfim alguma coisa o tirava da concentração absoluta nas pernas de Elisa. Gostava de dinheiro. Nada como a cobiça para trazer um homem ao mundo real.

Apesar de ter tomado muitos whiskies, Pacheco parecia ter recobrado imediatamente a lucidez. Estava pálido, como eu imaginara que ficaria. Com muito custo, balbuciou algumas palavras:

– São do Burkhardt?! Como assim?

– Que Burkhardt? – Perguntou Severiano, enrolando a língua. – Não conheço nenhum Burkhardt.

– Jacques Burkhardt era o aquarelista da Expedição Thayer, uma expedição de naturalistas viajantes que esteve no Brasil entre 1865 e 1866, sob as ordens de Louis Agassiz, o grande estudioso suíço-americano. Estou certo, professor?! – Disse doutor Veloso, dirigindo-se a mim. Ele, assim como os outros, estava maravilhado diante das aquarelas de acarás.

– Está certo sim, doutor. – Respondi eu, para maior espanto de todos. – Essas aquarelas foram feitas há cento e quarenta anos e estavam perdidas nos últimos setenta.

– E quem as encontrou? – Perguntou Eliana, tentando expressar o que o rosto deslumbrado de Pacheco queria dizer.

– Essa história somente Elisa pode contar – ponderei eu, devolvendo para ela a palavra.

– Sim, eu conto. Conto a história do achado, mas você, João, conta a história das aquarelas. – Tendo eu assentido com um aceno de cabeça, Elisa narrou a peripécia de Ascânio na Hayes Street, em São Francisco, e o modo como as aquarelas ficaram com eles vários anos, sem que adquirissem consciência do seu valor histórico, cultural e mesmo econômico.

– E onde estão as outras? – Questionou Pacheco. Olhando dentro dos seus olhos, notei que ele vislumbrou ali a acalentada possibilidade de resolver a questão das estações de ocorrência do andirá, através das indicações de Burkhardt. Ascânio prontamente interveio:

– Não há outras. Quando deduzimos que elas poderiam ser verdadeiras, voltei ao antiquário em São Francisco, mas não encontrei mais nada.

— Você está mentindo! — Gritou Pacheco. — Quer que eu acredite nisso?

— Não estou nem um pouco interessado no que você acredita ou não.

— Desculpe o Pacheco, doutor Ascânio — apaziguou Eliana. — A exaltação dele é apenas fruto da excitação, não é Pacheco?! — Os olhos quase fechados de Eliana exigiam de Pacheco a retratação. Ele caiu em si e cedeu à ordem dela:

— Me desculpe. É que sempre sonhei com a possibilidade de alguém encontrar essa aquarelas. E quando vi que você encontrou algumas, imaginei que estivesse zombando de nós e estaria prestes a mostrar todas as outras.

— Mas elas são mesmo verdadeiras? — A pergunta ansiosa vinha de Filogoni.

— São sim. Valeriam uma fortuna na sua galeria. — Disse eu desnudando os interesses do marchand. Doutor Veloso dirigiu-me então a palavra:

— Mas afinal, professor, dona Elisa disse que o senhor tem uma história a contar sobre essas aquarelas. Pois conte.

— O que sei sobre elas não é muito, mas o suficiente para dar ao achado de Ascânio e Elisa um colorido maior do que o das próprias aquarelas. De abril de 1865 a junho de 1866, a Expedição Thayer, dirigida por Louis Agassiz, percorreu a maior parte do território brasileiro, do Rio de Janeiro aos confins do Amazonas, com incursões ao interior de Minas Gerais, Goiás e Tocantins. Seu interesse era o de estudar os peixes e a geologia brasileira, com o intuito de desenvolver argumentos contra o evolucionismo darwinista, já que Agassiz professava o criacionismo, doutrina científica que recusava a idéia de um desenvolvimento das espécies a partir de leis da natureza e sustentava que o modo atual apresentado por cada uma das espécies seria parte do intuito de um projetista divino, um Deus como limite inteligível das transformações da natureza. O ilustrador dessa expedição chamava-se Jacques Burkhardt, um artista que acompanhava Agassiz desde a década de 1840, ainda na Europa, antes do grande naturalista mudar-se para Massachussetts, casar-se com uma jovem de New England, Elisabeth Cary, e tornar-se o mais importante naturalista americano do século XIX, responsável pela transformação do Harvard College na mais esplendorosa universidade de pesquisa dos Estados Unidos e do mundo. Durante a década de 1850, Agassiz captou uma estonteante fortuna das mãos dos milionários de Boston e criou o Museu de Zoologia Comparada, que lá está até hoje. Através desse museu, preparou a expedição que veio ao Brasil.

– Sim, João, mas e as aquarelas? – Cortou Verinha, nervosa com o meu alongamento professoral.

– Durante os quinze meses de viagem, Burkhardt desenhou, quase sempre a partir do exemplar vivo nadando em um tanque de vidro, umas duas mil aquarelas de peixes brasileiros e algo em torno de sessenta aquarelas de paisagens. Antes que a expedição terminasse, Burkhardt já dava sinais de estar muito doente, como conseqüência das condições duras na selva. Morreu dez meses depois de voltar aos Estados Unidos, de complicações derivadas dos padecimentos durante a expedição, sobretudo os ataques de mosquitos e o calor da selva. Suas aquarelas, assim como toda a documentação produzida pela expedição, ficaram guardadas no museu, sem que um pesquisador desse a elas um destino digno. Em 1940, o diretor do museu, Thomas

Barbour, simplesmente enviou as duas mil aquarelas a George S. Meyers, um pesquisador de São Francisco, na Califórnia, dizendo: "Talvez você ache um uso para elas. Se não, suponho que mesmo na Califórnia você de vez em quando tenha fogo na lareira". Não se sabe como, 458 aquarelas de peixes e as 60 aquarelas de paisagens voltaram anonimamente para Cambridge. As outras 1.500 desapareceram, sem deixar rastro. O resto vocês já ouviram. Num golpe de sorte, o nosso anfitrião comprou esse pequeno conjunto num antiquário em São Francisco. O fato de que todas representam o mesmo peixe, o acará, mostra que alguém ao longo desses setenta anos chegou a organizar o conjunto, que deve estar muito bem guardado em algum lugar desse mundo.

— O museu então é dono dessas aquarelas e pode requerê-las de volta. — Ponderou Eliana.

— Não necessariamente — intercedeu Pacheco. — Se o museu foi o responsável pelo sumiço dos trabalhos, não há nada de errado no fato de Ascânio ter comprado alguns dos desenhos. Se essas imagens vierem a público, a pressão do museu não será de ordem legal, mas cultural, justificando-a na legitimidade do retorno, o que pode render ao Ascânio um belo dinheiro e, mais do que isso, pode dar a quem retornar essas aquarelas ao seu lugar de origem uma sólida imagem de benemérito.

— Dinheiro não é tudo nessa vida — desconsiderou Ascânio.

A frase de Ascânio deixava claro que ele não estaria disposto a abrir mão de seu troféu. Pelo menos, não por dinheiro, já que ele tinha mais do que o suficiente. A hipótese de tornar-se benemérito, mesmo sendo sedutora, chocava-se com seu egoísmo natural de colecionador. Por seu turno, os olhos de Pacheco brilhavam com a hipótese de um retorno triunfante das aquarelas ao museu. Por um momento, eu mesmo me imaginei nesse papel de salvador da memória. No fundo este é o sonho de todo historiador: ao invés de resgatar o passado apenas como narrativa, trocar a função de narrador pela de arqueólogo e trazer do passado não uma história, mas os próprios objetos tocados por aqueles que são hoje apenas memória.

– Quanto acha, Filogoni, que elas valeriam? – Perguntou Pacheco.

– Bem – respondeu Jacó –, com toda essa história que as cerca, para além de serem belíssimos objetos de arte, podem valer muito dinheiro. Uma gravura de Debret, leiloada recentemente na Christie's, foi orçada entre 10 e 15 mil libras e acabou saindo por 16 mil libras. As aquarelas de Burkhardt valem menos, sobretudo porque o motivo se repete e também porque o artista é menos reconhecido. Por outro lado, elas possuem a aura de objetos desaparecidos que retornam do passado, além do fato de que cresce no mercado de arte o interesse por ilustrações científicas. Não seria exagero pensar em 5 mil dólares cada uma.

– E o que vai fazer com isso, se não vender bem caro para o tal museu?! – Severiano havia mesmo perdido a noção mínima de discrição. Sua iminente decadência política, aliada às altas doses de álcool na cabeça, fazia com que deixasse vir à boca, sem o filtro da polidez de um político hábil, os mais sórdidos interesses.

– Bem, se não conseguir nenhum uso, mesmo aqui na Pampulha há dias frios, quando é preciso acender uma lareira. – Ascânio parodiava Thomas Barbour. Verinha, com sua ironia afiada, foi quem mais apreciou o chiste. Todos os outros ficaram boquiabertos, sem saber o que dizer.

Elisa permanecia calada, apenas observando toda a cena. Em que pensava ela? Apenas Severiano atreveu-se a cavar um pouco mais o fosso em que estava prestes a cair.

— Perdeu o juízo? Dinheiro nunca é demais!

— Quem perdeu o juízo foi você, seu vereador estúpido! — Dessa vez Ascânio chegou a gritar com Severiano. A voz calma de Veloso pôs fim à discussão:

— Meu amigos, calma. Penso que devemos todos ficar alegres com esse achado maravilhoso. Ascânio com certeza saberá dar aos desenhos a melhor destinação, levando em conta seus interesses pessoais, a legitimidade histórica da origem das aquarelas, a importância cultural do seu ressurgimento. Acho que é hora de dona Elisa retornar com essas lindas lâminas para o seu cofre. Elas já provocaram exaltação demais por hoje.

Elisa recolheu as aquarelas dentro da pasta e desceu para o escritório. Alguns começaram a se movimentar para ir embora. Com o pretexto de ir ao toalete, fui atrás de Elisa. Não havia conseguido conversar com ela a sós nem um minuto. Aquela era a minha única chance, enquanto os últimos licores eram vertidos e os bêbados procuravam forças para se levantar dos sofás macios.

Quando cheguei no hall, a porta do escritório estava aberta. Ao entrar, Elisa estava junto ao armário baixo, atrás da larga escrivaninha, voltada para a entrada, como se me esperasse:

— Sabia que você viria.

Sem mais nem uma palavra, abriu as portas do armário e de lá retirou uma pesada pasta de couro, alta e retangular, como um arquivo em formato de bloco. Imaginei que fosse guardar ali a pasta das aquarelas. Mas o que ela fez teve sobre mim o efeito de um *strip-tease*, um lento desnudar de membros a exalar sensualidade. Ao destravar a fechadura da maleta e puxar a tampa para trás, o interior se desvelou como um corpo que se mostra ao cair dos véus: dezenas de pastas azuis, iguais à do *Geophagus brasiliensis*, se abrigavam naquele escrínio, vulva que se abre para o mundo. Sempre com um sorriso nos lábios, Elisa foi retirando as pastas, uma a uma, e abrindo-as sobre a mesa. Pacheco tinha razão. Ali estavam todas as aquarelas de Burkhardt! Tucunaré, surubim, corvina, candiru, andirá, matrinxã, cachorra, piranha, traíra, trairão, pirambeba, dourado, mandi, bagre, pirarara, pirarucu, pacu, pacumã, tambaqui, piau, piaba, piabanha, lambari, piapara, cascudo, acari, bandeira, espada, disco, arraia, bicuda, jaú, fidalgo, chicote, chorão, pintado, timburé, grumatã, piraputanga, piracanjuba, poraquê, aruaná, sarapó, ferreirinha, piratinga, sirrudo e muitos, muitos acarás. Elisa tocava cada prancha como se estivesse gozando, com a língua roçando os lábios e a respiração tornando-se cada vez mais ofegante.

Eu não sabia se corria para as imagens, se agarrava Elisa ali mesmo ou se virava as costas e ia embora. Estava patente que ela me usara, ao mesmo tempo em que se afirmava o seu desejo de ser vista, como um ladrão que não se contenta em roubar, mas que tem a volúpia de deixar pistas, de ser seguido sem ser agarrado. O rosto iluminado patenteava o seu modo peculiar de ter prazer. Fiquei paralisado. Não sabia o que fazer ou em que pensar. Fomos arrancados daquele êxtase pelos gritos no andar superior. Elisa juntou rapidamente as aquarelas, acondicionou-as na maleta-arquivo, trancou o armário e deixou o escritório.

– Suba depois de mim, como se tivesse ido ao toalete. – Disse ela. Esperei um pouco e fui atrás para ver o que acontecera.

– Larga ele, Ascânio! Não vê que está completamente bêbado?! – Quando cheguei ao andar superior, Elisa gritava com Ascânio, enquanto os outros tentavam apartá-lo de Severiano Almeida. Os dois bêbados haviam se atracado, rolando pelo chão aos murros. As tensões acumuladas ao longo da reunião fizeram com que Severiano acabasse explodindo.

– Quem está bêbado? Esse idiota merece uma surra. – Ascânio parecia alucinado. Os dois brigavam já sem saber os próprios motivos.

– Você é que é um idiota, seu peixeiro desgraçado! Vou acabar com você! – Severiano mal articulava as palavras. Doutor Veloso sentara-se desolado, ao lado de um Filogoni a repetir "ai, meu Deus". Pacheco tentava puxar o deputado, mesmo que secretamente sonhasse com Ascânio levando uma surra, enquanto Alceu segurava seu patrão. Eliana estava catatônica ao canto e Verinha fazia o seu papel, tentando acalmar o cliente, mas devia estar se deliciando com a surra que levava o deputado:

– Calma, doutor Severiano, calma!

Elisa voltava à carga, no mesmo tom da garota de programa:

– Não é você quem está bêbado, Ascânio! É ele! Calma! – Ascânio voltou-se então contra a mulher:

– Calma uma ova! E, você, cala a sua boca! Pensa que me engana? Pensa que não sei que está de caso com esse professorzinho?! Acha que sou algum idiota? Acha que porque ele veio aqui, bancou o sabichão e reconheceu esses desenhos, vou ficar agora de corno manso?! Está muito enganada! Você me pagam! Vocês todos!

Ao gritar que a mulher tinha um caso comigo, a voz de Ascânio paralisou a todos, inclusive a si mesmo. Elisa, aos prantos, sentindo-se humilhada, fugiu escada acima. O próprio Ascânio largou Severiano caído no chão e sentou-se no sofá, como que estafado do esforço mental e físico. Doutor Veloso, uma vez mais, foi quem tomou a iniciativa:

– Acho melhor que deixemos o casal a sós.

Ato contínuo, foram todos saindo. Filogoni recuou, dizendo:

– Vou ver se ela precisa de alguma coisa.

Enquanto todos saíam, fiquei ainda na sala, olhando em silêncio para Ascânio Guedes. Queria dizer alguma coisa, mas não sabia o quê. Foi ele quem me dispensou:

– Melhor você dar o fora, professor. Essa briga não é sua.

Contornei a piscina, atravessei de volta o jardim de buritis e cruzei o portão de entrada. Cada um já havia tomado o seu carro e deixado o local. O luar parado tornava a rua ainda mais fria. Como morava perto e viera a pé, fui caminhando em direção ao meu apartamento. Sentia-me mergulhado num desses poços fundos que o remanso do rio constrói, onde uma pirarara traiçoeira espera as presas.

Quando a cabeça de piranha revela-se isca, fisgada num anzol de aço, a pirarara arrasta o barco e o pescador para o seu redemoinho de morte. E aí não se sabe nunca quem será o vencedor ou quem morrerá asfixiado, pelo ar ou pela água.

29 de junho de 2008, 19 h.

— Professor João?

Assim que atravessei o portão, uma vez mais deixado aberto pelos rapazes do andar inferior ao meu, dei de cara com os dois homens ao lado da porta de entrada do prédio. Passei sem encará-los. Quando rodei a chave no tambor da fechadura, a voz soou às minhas costas. Intuí imediatamente quem seriam eles. Se o portão estivesse trancado, eles não poderiam ter me abordado tão de chofre e uma negativa talvez fosse convincente. Mas, assim, tão de perto, fingir era difícil. E, que diabos!, eu não tinha nada a esconder. Tratava-se apenas do instinto de preservação que me fazia sonhar com um adiamento daquele encontro.

— Sim, sou eu mesmo – respondi, procurando aparentar tranqüilidade.

— Romero Puntel, delegado aqui do distrito. Esse é o Moreira, investigador. Tudo bem com o senhor? Podemos trocar umas palavras?

— Uai, polícia?! – Fiz-me de espantado. – Estou sendo acusado de alguma coisa? – Joguei a frase com ar de blague, mas imediatamente vi o tamanho da estupidez que ela continha. A resposta do delegado não podia ser outra:

– Há alguma coisa de que o senhor deva ser acusado? – Disse ele, expondo os dentes muito brancos.

– Até onde eu saiba, não. – Procurei me refazer da bobagem que dissera.

– Bem, então ótimo! Podemos entrar um pouco e conversar? São só uns minutinhos. Estamos investigando um caso e pensamos que o senhor pode nos ajudar. – A frase foi dita ao mesmo tempo em que o delegado e o investigador me seguiam pelas escadas acima, sem esperar pela concordância ou não da minha parte. Respondi o mais cordialmente possível, enquanto abria a porta do apartamento:

– Um caso, que interessante. Caso de quê?

– Assassinato – declarou de chofre o investigador.

Ao abrir o apartamento, encontrei jogadas no chão, com se tivessem sido empurradas como cartas por debaixo da porta, algumas aquarelas de Burkhardt. A princípio, achei que, como esquecera aberta a janela, o vento tivesse levado para o chão as cópias que trouxera do Museu de Zoologia, em Cambridge. Mas, ao me abaixar para apanhá-las, sob o olhar curioso dos policiais, percebi atônito que eram as dez aquarelas de acará que eu manipulara na quinta-feira, enquanto trepava com Elisa no seu escritório, e que haviam sido exibidas naquela reunião terrível. Fiquei tão transtornado que perdi o equilíbrio e caí de joelhos sobre as imagens.

– Tudo bem, professor? O senhor se machucou? Está passando mal? – As perguntas dos policiais se sucediam, enquanto a vertigem tomava conta da minha cabeça e as cores vistosas dos desenhos de Burkhardt se embaralhavam diante de meus olhos, formando vagalumes na minha retina. Com grande esforço mental, procurei tomar pé da situação:

— Não, não foi nada. Acho que me desequilibrei para apanhar esses papéis. Deixei a janela aberta, e o vento jogou tudo no chão. Vocês me desculpem, aqui está tudo uma bagunça. É que passei a manhã estudando sobre essa mesa da sala, depois saí para trabalhar e larguei tudo aí.

O computador aberto, os livros jogados, as minhas cópias de imagens e alguns cadernos de anotações compunham a cena necessária à minha explicação. Enquanto jogava a culpa no vento e falava da bagunça apenas para ganhar tempo, percebi pelo tato que o papel das imagens era diferente daquele usado por Burkhardt. Tratava-se de cópias! Lembro-me nitidamente que, desde a primeira vez em que vi as aquarelas no MCZ, uma das coisas que sempre me encantou foi a qualidade do papel, que atravessou cento e vinte anos sem maior desgaste, a não ser um amarelecimento suave, provocado pela oxidação. Mas aquelas imagens à minha frente eram de um papel diferente, de gramatura menor. Apenas a cor envelhecida imitava a dos trabalhos de Burkhardt. Entretanto, para quem não conhecesse as matrizes, elas poderiam perfeitamente passar por originais. O assassino estivera em minha casa, enquanto eu conversava com Verinha, e deixara aquelas imagens ali para me incriminar. Não se tratava mais apenas de medo ou delírio meu. Não era coincidência. Nada era coincidência. O corpo havia sido desovado no meu trajeto, e as imagens estavam jogadas na minha sala. Só com muita sorte eu poderia sair daquela enrascada. Se ainda não estava recebendo voz de prisão, era porque o delegado não havia juntado todas as peças. Mas o quebra-cabeça era tão óbvio que seria quase impossível ele não juntá-las em breve. E a imagem que se formava era a minha.

– São peixes? – Disse ele, ajudando-me a apanhar as imagens caídas. – Muito bonitos. O senhor estava estudando? Mas pensei que fosse professor. O senhor estuda peixes?

Só me faltava mais essa, um delegado risonho e piadista. O investigador riu também da brincadeira, no mínimo para agradar ao chefe. Eu já tinha visto o doutor Romero Puntel correndo na Lagoa. Não tinha nada dos estereótipos de delegado, seja o tipo meio malandro, cheio de pulseiras de ouro no braço e palito no canto da boca, seja o modelo mal vestido, com gravata de nó pré-preparado e colarinho ensebado. Puntel fazia o estilo saudável, corredor da Lagoa, apesar de não ser atlético. Tinha fama de amigo dos moradores do bairro. Dá para entender. Ser titular daquele distrito, cuja delegacia ficava no ponto mais nobre da orla, com vista para o espelho d'água e para as esquisitices paisagísticas de Burle Marx na praça defronte, era o sonho de qualquer delegado. A taxa de ocorrências era baixa, e o público era o mais educado que se podia esperar. Puntel vestia-se de maneira correta, bastante formal, parecendo um gerente de banco escovadinho. O que tornava a sua figura singular era o sorriso escancarado. Uma de suas manias era se congratular pelos trinta e dois dentes imaculados. Fiz que não entendi a piada e respondi seriamente:

– Eu sou historiador. Pesquiso expedições científicas no Brasil, no século XIX. Esses desenhos são de um ilustrador científico daquela época.

– São originais? Devem valer uma grana...

– Oh, não, são cópias. Os originais estão num museu em Massachussetts, nos Estados Unidos. Mas... – Vi que estava falando demais. Ia acabar fazendo um discurso sobre as aquarelas, e o que eu queria mesmo naquele momento é que elas tivessem sido queimadas numa lareira qualquer e nunca tivessem reaparecido nas mãos de Ascânio Guedes. Cortei a minha própria fala e fui direto ao assunto. – Mas, afinal, qual é o caso, seu delegado?

– O caso é que um de nossos moradores foi assassinado ontem. Trata-se do senhor Ascânio Guedes, industrial, comerciante, pessoa de grande importância e muito apreciada na nossa comunidade. – Os termos do delegado decalcavam o léxico politicamente correto que impunha a idéia de comunidade a qualquer eventual grupo de casas ou pessoas. Se um dia acabarem as estruturas parlamentares e em seu lugar vierem os conselhos comunais, com certeza aquele delegado fará o tipo acabado do fiscal de quarteirão. – O senhor naturalmente o conhecia...

– O Guedes morreu? – Fiz cara de espanto. – Mas não é possível! Estive ontem em casa dele, convidado para uma pequena reunião. Ele estava ótimo...

– Sim, mas repito, não se trata de estar bem ou não, e sim de assassinato. Estivemos hoje com a viúva, a senhora Elisa Guedes, que nos relatou essa recepção a que o senhor se refere, organizada ontem para comemorar a chegada do marido de viagem. Estamos entrevistando todas as pessoas que lá estiveram, para reunir elementos que nos ajudem a solucionar rapidamente o caso.

A fala do delegado eliminava o mistério que me perseguiu durante todo o dia: Elisa estava viva.

– Mas como foi? Um assalto? E dona Elisa, está bem?

– Dona Elisa está bem, diante das circunstâncias. Está muitíssimo abalada, sobretudo depois de reconhecer o corpo. Por recomendação médica, está em casa, de repouso.

— Mas o que houve com o corpo? Os assaltantes machucaram o marido?

— Não sabemos se foi um assalto. O corpo foi encontrado hoje cedo na Lagoa, mutilado, com a boca cheia de tilápias. Só a análise da Medicina Legal poderá trazer mais luz sobre a ação dos assassinos. O senhor, tendo estado ontem na reunião e sendo conhecido do casal, sabe de algo que possa nos ajudar? Presenciou alguma briga? Conhece algum desafeto do doutor Guedes? Sabe de alguma ação dele que pudesse provocar a ira de alguém? Sabe se o casal tinha desentendimentos?

Responder com causalidade às questões de delegado seria remontar uma cadeia de elos infinitamente superior ao que ele poderia, àquela altura, imaginar. Por outro lado, a resposta mais simples e mais verdadeira seria: "sim". Sim a todas aquelas questões. Por isso, não demorei um átimo a responder:

— Não. Não sei de nada. Não vi brigas nem desentendimentos do casal. Quanto a inimigos ou ações desabonadoras do doutor Ascânio Guedes, fui apresentado a ele ontem à noite e, portanto, não o conheço devidamente. Sinto muito.

— A que horas o senhor saiu da festa?

— Passava um pouco da meia-noite, quando todos saíram juntos.

— Notou alguém suspeito nos arredores da casa? — Perguntou o investigador.

— Não notei nada. Quando saímos, cada um tomou a sua direção. Todos estavam de carro, menos eu, que moro perto e tinha ido a pé.

— O senhor anda muito a pé? Penso já tê-lo visto correndo na Lagoa.

— Sim, corro todas as manhãs, bem cedo. — Bingo! Mais um ponto para o delegado. Todo peixe morre mesmo pela boca... A arrogância de me dizer corredor impediria agora que eu negasse ter saído àquela manhã. A pergunta fatídica veio imediata:

— E o senhor correu hoje? — Olhei para ele. Seus trinta e dois dentes me sorriam um sorriso de bicuda. Com medo de me enrolar, menti, o que deve ter sido pior. Um falso álibi costuma ser pior do que uma verdade comprometedora.

— Hoje, por acaso, não fui não. Estava muito cansado. Como é domingo, aproveitei para ficar mais na cama.

— Entendo. — Disse o delegado, enquanto folheava, aparentemente distraído, o conjunto de cópias das aquarelas sobre a mesa. — Por falar em acaso, o senhor, que é um estudioso, por acaso sabe me dizer o que significa G. brasiliensis?

— O que o senhor disse? — Respondi evasivo, tentando ganhar tempo.

O delegado era muito mais esperto do que eu poderia imaginar e estava jogando comigo. Obviamente, a intenção de me fazer aquela pergunta era o motivo central da sua visita. Esperara somente a ocasião adequada. O aparecimento das cópias de aquarelas jogadas debaixo da minha porta não estava ajudando em nada e tinha o efeito exato e danoso imaginado pelo assassino. O que saberia o delegado das aquarelas? E por que elas vinham à tona naquele momento? Estaria falando delas porque ouviu de Elisa, ou de outro convidado, que elas tinham sido o motivo central da festinha? Saberia que Elisa e Ascânio Guedes escondiam, num armário do escritório, um conjunto de aquarelas que chegaria a valer 7,5 milhões de dólares? De Elisa, sem dúvida, não viria aquela informação, nem mesmo uma simples menção às dez aquarelas que todos viram e pensavam constituir o achado, sem terem idéia do que vi entre as suas mãos naquela escapada ao escritório de Guedes. Ela seria a última a dar de mão beijada para o delegado uma informação que complicava a si mesma e ao marido. A informação deveria ter vindo de outro convidado. Mas, quem? Ou será que me fazia aquela pergunta porque consultara a internet e vira meu nome associado às aquarelas de peixes? E, afinal, o que as aquarelas tinham a ver com o assassinato, para que ele estivesse ligando uma coisa à outra? Tal era o turbilhão de dúvidas que, num átimo, se passava na minha cabeça a partir da pergunta do delegado. Antes que continuasse a gaguejar, o telefone tocou. Aproveitei a situação para respirar. Pedi licença ao delegado e apanhei o telefone. Ele seguiu olhando as imagens, como quem estivesse apenas se distraindo.

– Alô?

– João? Já soube? – Era a voz inconfundível do Pacheco. A essa altura, parece que a notícia tinha se espalhado de vez.

– O quê? – Respondi evasivo, para ver se os policiais não compreendiam a conversa. Que hora para o Pacheco vir falar desse assunto ao telefone!

– Da morte do Ascânio Guedes. Já deu até na TV. Parece que trucidaram o cara. Não duvido nada que tenha sido a mando do Severiano. – Pacheco estava com a voz excitada. Sua suspeita tinha fundamento. Eu mesmo fizera a mesma suposição para Verinha mais cedo.

– Olha, depois converso com você. Estou aqui recebendo uma visita. – Aproveitei a deixa para, ao mesmo tempo, responder à pergunta do Pacheco e tentar avisá-lo sobre a investigação em andamento. Ele entendeu no ato.

— Ah, aquele delegado com a boca cheia de dentes já está aí? — A pergunta demonstrava que ele já tinha sido visitado.

— Ahn-han.

— Ele esteve aqui também. Como a Eliana estava comigo, conversou com os dois. Foi melhor para ela. Sabe como ela é. Se os caras tivessem ido vê-la em casa, sozinha com a mãe, teria ficado muito assustada. Ele me disse que ia interrogar todas as pessoas que estiveram lá ontem. Te cuida, hem?! Quando esse policial souber que você comia aquela cachorra, você pode se lascar.

— Tá ok, obrigado. Depois a gente se fala. Um abraço.

— Problemas, professor? — Disse o delegado, quando desliguei o telefone.

— Nada não. Coisas de escola.

— Então, por acaso, sabe me dar mais informações sobre G. brasiliensis?

— Gê o quê?

— Brasiliensis. — Repetiu ele, entre os trinta e dois dentes. — Acho que é latim. Pensei que o senhor poderia me esclarecer mais. Parece que o G é de galianthe, se não estou enganado e se minha pesquisa não está errada. *Galianthe brasiliensis*, mais conhecida como poaia-do-campo. Uma pequena planta ornamental, nativa aqui do Brasil, de cujas raízes se extrai um alcalóide, a emetina.

— Alcalóide não é coisa pra ficar doidão, doutor? — Perguntou o investigador aboballhado, dirigindo-se ao delegado.

— É sim, Moreira. Pode servir até para matar alguém por overdose. Mas, nesse caso, a coisa serve para matar verme, soltar catarro e provocar vômito. Trata-se de um emético. Tô certo, professor?

De que diabos estava falando o delegado Puntel? Enquanto ele demonstrava erudição internética, eu me sentia completamente perdido. Planta? Alcalóide? Podia dizer que, por um momento, quase tive ciúme de que a investigação passasse ao largo do meu trabalho, como um bandido que se sentisse insultado por ter o crime atribuído a outro. Mas logo voltei à realidade. A pergunta viera mesmo a calhar, porque eu poderia responder negativamente sem medo de ser pego na mentira:

— Não tenho a menor idéia do que o senhor está falando. Não entendo nada de plantas, nem de remédios. Mas o que essa planta tem a ver com a morte do Ascânio Guedes? Ele foi envenenado antes de ser mutilado?

— Ainda não sabemos. Talvez não haja relação. Pensei que o senhor pudesse me ajudar. O caso é que o carro dele foi encontrado abandonado, com os vidros quebrados, e dentro do carro estava jogada uma pasta de cartolina com as inscrições G. *brasiliensis*. Não havia nada dentro, e não sabemos ainda de que se trata.

Então a pasta das aquarelas havia sido esvaziada. O assassino deixou em minha casa as aquarelas e no carro aquele rastro, para que a polícia ligasse uma coisa à outra. Aquele bendito alcalóide parecia enlouquecer a situação a meu favor. No entanto, meu sentimento de alívio durou pouco, pois ele voltou à carga:

— Bom, o senhor não sabe nada de alcalóides, como disse. Mas com certeza sabe que G. *brasiliensis* pode também significar uma contração de *Geophagus brasiliensis*, o nome científico de uma tilápia que dá muito aí na Pampulha. Aliás, não seria esse peixinho o que está aqui nessas aquarelas?

– O delegado cometia o erro comum de confundir o acará com o seu primo maior, a tilápia verdadeira.

– Bem, doutor Puntel, com certeza esse é o *Geophagus*. Mas acho que o senhor já sabia disso antes de vir me procurar. – Ele expôs uma vez mais o teclado da boca.

– Essas aquarelas vieram de onde mesmo?

– Não constituem verdadeiras aquarelas, são reproduções. Os originais estão num museu de zoologia, nos Estados Unidos, onde pesquisei há alguns anos.

– E o senhor sabe alguma coisa sobre essa pasta que mencionei, qual era o conteúdo dela? Chegou a vê-la na casa? – Decidi responder com um contra-ataque:

– Não tenho a menor idéia. O senhor chegou a perguntar para dona Elisa?

– Ela também não sabe de nada. Disse que eram coisas do marido. Do frigorífico, afirmou ela, ele sempre vinha para casa carregado de documentos, pastas, contratos, e ela não saberia dizer do que se tratava. Aliás, qual é o seu relacionamento com dona Elisa Guedes? Afinal, o senhor disse que conheceu ontem o marido.

A pergunta parecia protocolar. Nada nela indicava que suspeitasse de qualquer coisa entre mim e Elisa. Pela fala dele, ela também sonegou a informação sobre o conteúdo da pasta. Todos estavam fugindo de dar explicações à polícia, como sempre acontece. Se Elisa estivesse envolvida na morte, talvez tivesse dado ao delegado a informação sobre o conteúdo da pasta, para que a pista trouxesse à minha pessoa. Ao mesmo tempo, não seria impossível que ela tivesse inventado uma história qualquer para me incriminar, como a de que eu estaria apaixonado e que a importunava com propostas, além de fazer infundadas cenas de ciúme por causa do marido, o que traria mais suspeitas sobre mim. Por outro lado, ela saberia que, mais hora, menos hora, o delegado chegaria ao conteúdo da pasta por si mesmo, e não precisava da ajuda dela. Empurrar o policial para cima de mim poderia ser um ato que a denunciaria, caso estivesse envolvida. Permanecer calada e confiar no faro do delegado fazia com que ela se mantivesse totalmente alheia às suspeitas, que recairiam mais cedo ou mais tarde sobre mim.

— Elisa Guedes é minha aluna num curso de arte e cultura na universidade. Quando soube que éramos vizinhos, convidou-me por gentileza para ir à sua casa nessa pequena reunião que fez com alguns amigos, coisa muito comum de acontecer entre professor e alunos.

O policial pareceu satisfeito. Virou as costas e foi saindo.

— Ok, professor João. Obrigado pela sua colaboração. Antes que me esqueça, peço ao senhor para passar amanhã no distrito, num horário que lhe seja conveniente, para que o escrivão possa tomar um depoimento formal. É de praxe. Boa noite.

Despachei os policiais e fui direto ao telefone, para falar com Elisa. A empregada me disse que ela estava muito triste, muito chocada, sobretudo porque não poderia fazer logo o enterro, uma vez que, dado o estado terrível do corpo e as indicações que uma autópsia criteriosa poderia dar sobre o crime, a Medicina Legal demoraria vários dias para liberar o cadáver. Disse ainda a moça que ela havia saído para visitar um amigo, mas não sabia a que horas voltava. Tentei o celular. Estava fora de área.

De tudo o que me acontecera durante a visita do delegado, só ficara uma certeza: apenas uma pessoa poderia ter feito aquelas cópias. Era preciso confrontar Jacó Filogoni logo cedo. Duvidava que ele pudesse ser o assassino, mas parecia-me claro que ele tinha algo a ver com o sumiço das aquarelas e com as cópias debaixo da minha porta. O delegado ligava o conteúdo da pasta ao assassinato porque a dobradura de cartolina estava dentro do carro, mas nada garantia que as aquarelas estavam na pasta quando ela foi parar dentro do carro. Poderia ter sido esvaziada por Jacó na noite anterior, quando ele, sob o pretexto de ajudar Elisa, recuara no momento da saída. Ascânio a teria levado para o carro por um outro motivo qualquer, quando talvez estivesse saindo de casa, na mesma noite, e ela ali ficara, criando um falso elo no raciocínio do delegado. Tudo podia ser.

No silêncio do prédio, fiquei olhando aquele conjunto de falsas aquarelas. Quanto mais olhava, menos sabia em que acreditar. Voltei a ligar outras vezes para Elisa, mas o celular estava desligado. O melhor era dormir para clarear a cabeça. Pensei em tomar uma dose dupla de whisky ou de cachaça, mas sabia que, se fizesse isso, acordaria às 2 horas da manhã, completamente sem sono. Tirei da sacola de compras a comida dos meus bandeiras e discos, alimentei-os, deitei-me no sofá, sob a luz indireta do aquário, e fiquei observando o seu movimento. Devo ter ficado por mais de hora diante de suas circunvoluções brilhantes, até que adormeci ali mesmo.

30 de junho de 2008, 7:00 h.

Acordei espantado, ao som do telefone celular. Dormira ali mesmo no sofá e estava com as costas em frangalhos. Olhei para o relógio e vi que perdera a hora regular da minha corrida. Se bem que, nessa manhã, não sei se teria mesmo ânimo para tanto. Minha sensação era a de que passaria muito tempo distante das minhas corridas matinais. Ainda sonado e com a cabeça pesada, encontrei o celular caído no chão, repetindo monocórdio o seu toque eletrônico. O visor mostrava o número de Elisa. Atendi, mas não havia ninguém do outro lado. Um som confuso, misturado de vozes abafadas, entrava pelo meu ouvido, sem que eu pudesse distinguir qualquer coisa. Repeti "Elisa", "Elisa", muitas vezes, mas não obtive resposta. Parecia que ela ou outro alguém ligara o telefone com o intuito de me fazer de bobo. Não desliguei o telefone, para não perder a chamada. Tomei o telefone fixo e liguei para o número dela. Recebi a resposta de telefone ocupado. Mas ninguém do outro lado colocou a chamada em espera, a fim de atender minha nova tentativa. Nada adiantava. O melhor era esperar.

Fui para a cama e tentei dormir um pouco mais. Cheguei a adormecer. Tive sonhos confusos, dos quais não consigo me lembrar. Sei apenas que acordei já depois das oito horas. Tomei um longo banho, um café rápido e decidi começar o dia pela galeria de arte. Era preciso passar na delegacia, atendendo à intimação do delegado Puntel, mas algo me dizia que eu precisava de mais informações, sob o risco de não sair do distrito. A ligação permanecia, com a mesma confusão de vozes. Pus o telefone no bluetooth, peguei o carro e segui para a galeria. Apesar de ser muito perto, decidi ir de carro, pois intuía que o meu dia seria longo. Enquanto guiava, continuava ouvindo e tentando distinguir os sons do telefone.

Cheguei no antiquário por volta das nove horas. Fui recebido pela mulata deliciosa, que parecia uma fruta suculenta pedindo mordida. Da primeira vez que a vi, lembrou-me as personagens dos quadros de Mário Mariano. A impressão permanecia, realçada agora pelo vestido florido e pelo casaquinho feito com sobras de diversas meadas de lã. Ela me reconheceu e sorriu. Fui entrando e seguindo direto para a mesa de Jacó Filogoni. A recepcionista dizia que ele não estava, que não tinha aparecido.

– Não há problema. Só preciso deixar umas coisas para ele. Posso colocar na mesa?

– Claro. Precisa de mais alguma coisa? – A mulata era mesmo provocante. Os olhos verdes sobre a pele morena e sedosa davam a ela um encanto todo especial. Se fosse uma outra hora, não perderia a oportunidade, mas não sob aquela pressão de um assassino brincalhão, de um lado, e um policial cheio de dentes, do outro.

– Preciso que ele receba logo esse envelope.

– É alguma coisa urgente? Pode deixar comigo. Assim que ele der notícia, aviso sobre o envelope.

– Obrigado, vou deixar na mesa. Posso esperar? Quem sabe ele chega logo...

— Fique à vontade.

Enquanto fazia hora, voltei a andar pela galeria. Diante de uma aquarela de Aldemir Martins, representando um peixe multicolorido, veio-me um estalo, uma súbita iluminação.

— Mas é claro! Como não pensei nisso antes! Tilápia!

— O senhor está falando comigo? — Disse a mulata de pele sedosa. Retirei o fone do ouvido e falei diretamente com ela:

— Não. Me desculpe, falava comigo mesmo. Preciso ir. Não posso esperar mais. Até uma outra hora.

Saí em desabalada carreira. A moça ficou sem entender nada, mas eu havia compreendido tudo. Tilápia! Lembrei-me do delegado Puntel nomeando os peixes na boca do morto como sendo tilápias. Diante da aquarela de Aldemir, a palavra "tilápia" ficou brilhando na minha frente, tal como um talismã da sorte, a chave óbvia de todo o enigma que agora me parecia banal. O pescador da beira da Lagoa já fizera antes essa confusão, chamando acarás de tilápias. Claro que havia também algumas tilápias na Lagoa, ali colocadas como espécie exótica, o que fomentava ainda mais a confusão entre elas e a espécie nativa. No entanto, o pescador e o delegado, ao nomearem o peixe como tilápia, e eu, ao corrigi-los mentalmente para acará, enxergávamos na boca do morto os peixes nativos da Lagoa, mas aqueles vieram de outro lugar, e não chegaram nadando. Só podia ser isso! Não eram acarás o que enchia a boca do cadáver, eram tilápias verdadeiras. Elas, portanto, vieram de um criatório ou de um frigorífico. Agora eu sabia exatamente onde deveria ir e quem confrontar.

Segui para o Frigorífico Guedes & Cia. Na noite da reunião, doutor Veloso me contou a história da firma. Os pais de Ascânio e de seu gerente, Alceu, haviam sido amigos e vizinhos de peixaria, ainda na antiga Feira dos Produtores, que ficava naquele encontro da Avenida Pedro II e da Rua Bonfim com a Avenida do Contorno, na beira do Rio Arrudas, a um quarteirão da antiga Praça da Lagoinha. Quando a desapropriação da área deu lugar a um amontoado disforme de viadutos, os peixeiros subiram a Rua Bonfim e abancaram por ali as suas geladeiras. Vem dessa época a associação dos dois comerciantes no Frigorífico Guedes & Bemfica, mais conhecido como Peixaria do Guedes. Logo, logo, o velho Guedes engoliu o sócio. Em pouco tempo, comprou uma enorme porção da rua, onde hoje se assenta a sede do frigorífico, na última área verde da região, e onde fica um entreposto que também vende peixe fresco a varejo. Dali partiu o jovem Ascânio para montar o seu império. Como fruto de uma memória culpada ou como homenagem aos velhos tempos, Ascânio trouxe consigo, protegido na boca tal como alevino de acará, um filho temporão do sócio de seu pai. O garoto Alceu cresceu entre os peixes da banca e acabou gerente do frigorífico.

Na Rua Bonfim, me disseram que ele passava os fins de semana no Tilápia Viva e só aparecia por ali na terça-feira. Tomei então o rumo do vilarejo de Senhora do Carmo, a uma hora e meia de Belo Horizonte. Sabia que lá estaria a ponta do fio para desenrolar a linhada.

11:00 h

Parei o carro no estacionamento de visitantes do Tilápia Viva no momento exato em que a portaria se abria para a saída de um carro. Em uma outra situação qualquer, um jipe escuro, desses modernos, saindo de um resort de pesca, não atrairia a minha atenção. Mas depois que a palavra "tilápia" trouxe à minha mente a rota daquele enredo em que me metera, outras imagens, antes insignificantes, começaram a se configurar na tela da minha memória e foram se encaixando nos vazios do puzzle. Com certeza, já havia visto aquele jipe. Ele passara por mim, cantando pneus, na manhã anterior, no momento em que chegara na Lagoa, vindo do Alto de São José. Na hora, não dera a ele qualquer importância, mas agora ele estava ali, amarrando mais uma ponta do novelo. Os vidros escuros não permitiam ver o motorista, mas eu não precisaria olhar no interior para ter certeza de que Alceu Bemfica estava atrás do volante. Corri para cima do jipe, mas ele saiu em disparada. Voltei para o meu carro disposto a persegui-lo.

O Tilápia Viva fica a menos de dois quilômetros da sede do lugarejo. Perdi o jipe de vista. Mas quando tomei a rua principal em direção à saída da cidadezinha, lá ia ele a distância. Acelerei o ritmo. Na rotatória que dá saída para Itabira, ele tomou a estrada que vai dar em Ipoema e depois em Bom Jesus do Amparo, onde se cai na BR-262. Eu não conhecia o caminho, mas, pelo primeiro quilômetro, já dava para ter uma idéia: ao contrário do acesso para Itabira, onde a estrada de terra estava bem conservada, como parte dos atrativos para os turistas do resort, esse caminho alternativo tinha um piso de péssima qualidade. Meu carrinho urbano talvez não agüentasse aquela perseguição, já que à minha frente seguia um jipão anabolizado. Fui tentando me localizar pelo rastro de poeira vermelha. Meu carro sacudia e batia o fundo a cada pedra solta. Não havia água no meu reservatório do limpador de pára-brisas, o que tornava cada curva uma aventura terrível. Alceu não escolhera o trajeto por acaso, pois sabia as condições que eu teria de enfrentar. Depois de uns seis quilômetros, o rastro de poeira desapareceu à minha frente, sem que houvesse um motivo, pois estávamos ainda muito longe do asfalto. Mais um pouco e pude ver, numa longa reta de um trecho de vale, o jipe parado no meio da estrada, entre duas pontes. Esse é, aliás, o nome do lugar, Duas Pontes, pois ali a estrada cruza o Rio Tanque e um de seus afluentes, tal como o Córrego do Boi, que sustenta a estrutura do Tilápia Viva. Ao chegar bem perto do jipe, ele disparou, levantando um poeirão. Alceu estava brincando comigo! Brincando de gato e rato. Deixou que eu me aproximasse para que a perseguição tivesse continuidade. Mal sinal. Ele se revelava mais louco do que eu supunha. Talvez seu verdadeiro objetivo fosse que eu, em meio à disparada, fizesse uma curva errada e caísse num despenhadeiro, jeito ideal de se livrar de uma testemunha. Pelo menos, eu tinha agora a certeza de que, se ralentasse minha marcha, ele esperaria por mim, até que aquele terrível trecho da BR-262 nos obrigasse a um verdadeiro rally.

Não havia outro caminho, não havia o que fazer. Continuamos nossa perseguição. Ele seguia um quilômetro à frente, distância suficiente para que a poeira vermelha pudesse ser vista. Atravessamos Ipoema, oito quilômetros depois de Duas Pontes, um atrás do outro, bem devagar, como se fôssemos bons amigos. Afinal, àquela altura, não queríamos que moradores desavisados interferissem na nossa guerra particular. O mesmo se deu dez quilômetros depois, em Bom Jesus do Amparo. Depois de Bom Jesus, a estradinha que leva à BR é de asfalto, mas cheia de curvas. O bluetooth continuava em meu ouvido. Por um momento pensei compreender um som, como se fosse uma voz. A concentração necessária a essa compreensão tirou meu foco da estrada. Numa curva muito fechada, debaixo das linhas de transmissão, meu carro derrapou, e eu quase fui jogado longe. Com o susto, voltei a custo para a pista, enquanto, ao longe, a mão do motorista do jipe acenava gaiata do lado de fora. Tirei o fone do ouvido para poder me concentrar na estrada e não dar ao meu oponente o gostinho de me ver rolar morro abaixo.

Mais uns poucos quilômetros, caímos na BR-262. Aquele trecho de rodovia, da entrada de Bom Jesus do Amparo até Belo Horizonte, deve ser a estrada mais perigosa e cheia de acidentes do país. Um pega entre dois carros pode ser fatal. Alceu acelerava fundo, cortando na faixa contínua, ultrapassando caminhões na descida, fazendo curva em cima de curva a mais de 130 km por hora, em trechos nos quais 60 km horários já superam o limite que separa a sanidade da loucura. Eu seguia atrás, dando tudo o que meu carrinho podia. Nas subidas, Alceu diminuía o ritmo, para que eu não o perdesse de vista. Em poucos minutos, ultrapassamos o trevo de Nova União e fomos chegando ao trevo de Taquaraçu. A estrada faz uma larga curva para a esquerda, em descida, para depois curvar novamente à direita e subir, quando aparece o trevo. Alceu cortava um caminhão pelo acostamento, sem visibilidade alguma à sua frente. No meio da curva havia uma camionete parada. Para não bater de frente, em alta velocidade, o motorista tentou passar à direita dela, já que à sua esquerda estava o caminhão. Mas a estrada acabou, e o vão do barranco se abriu à sua frente. O carro voou e foi cair lá embaixo, no meio de uma plantação de hortaliças. Pude vê-lo em seu vôo metálico, ao sol de um meio-dia de inverno.

Era a última coisa que podia me acontecer! Com Elisa e Filogoni sumidos e com Alceu morto, todas as evidências apontavam para mim. Se fosse encontrado junto àquele carro, estaria perdido. Seria uma indicação cabal de que eu estava eliminando testemunhas. Era preciso sair rapidamente dali, voltar para casa e tentar construir o álibi de ter passado toda a manhã dormindo ou trabalhando em casa. De passagem, tentei olhar para o jipe, mas não consegui ver sinal do motorista. Segui em frente, o mais rápido que podia.

Enquanto rumava para Belo Horizonte, ainda assombrado com aquele carro a descer pela ribanceira, decidi me concentrar nos sons do telefone, para ver se distinguia alguma coisa. Não tinha muito tempo, pois a bateria do celular estava no fim. Depois de meia hora naquela concentração, percebi que certos sinais sonoros se repetiam, tais como avisos. Era isso! Informações de aeroporto! O telefone estava jogado num canto ou numa lixeira de um aeroporto qualquer. Com um certo esforço, percebi que o português era uma das línguas dos informes, mas com um acento diferente do nosso. A voz macia de Elisa soou clara na minha memória:

– Quando vi que não conseguiria nada em Massachussetts, voei direto para Portugal, onde tenho um amigo marchand, grande conhecedor de arte...

Tudo agora parecia se encaixar. Elisa, como sempre, deixava rastros propositais, assinaturas de suas ações. Restava saber quem tinha matado Ascânio Guedes. Só poderia ter sido Alceu, mas ele agora estava provavelmente morto. Talvez Filogoni estivesse envolvido, mas talvez não. O fato é que o telefonema de Elisa marcado no meu celular poderia me deixar em uma situação ainda pior. Parei o carro na entrada da ponte do Rio das Velhas, tirei o chip do celular, destruí e depois atirei tudo à corrente imunda. Parei em um lava-a-jato, melhorei a imagem do carro e acelerei fundo, na esperança de que pudesse ainda montar o meu álibi.

Ao chegar em casa e abrir o portão da garagem, ouvi a voz do investigador Moreira:

– Professor, o senhor está detido para averiguações, sob a suspeita do assassinato do senhor Ascânio Guedes. Aqui está a ordem do juiz. Queira me acompanhar.

Dois policiais militares escoltavam o investigador, para a eventualidade de uma evasão. Poderia ter gritado que não havia feito nada, que eles deveriam procurar evidências em Lisboa, ou no trevo de Taquaraçu, ou no antiquário do Filogoni, ou em qualquer outro lugar, mas de nada adiantaria. Seria dar aos policiais mais dados para me incriminar. Romero Puntel agira sabiamente. Se tivesse me levado diretamente à delegacia na noite anterior, certamente não teríamos a conversa na qual consolidou suas suspeitas, pois eu teria ficado calado. Ao me abordar como um simples colaborador da justiça, e não como suspeito, teve a chance de desenhar melhor uma história e de conseguir do juiz uma ordem de prisão, baseado nos indícios que levantou: as cópias das aquarelas estavam comigo, eu importunava a mulher com propostas, eu conhecia taxidermia e acarás, eu madrugava na Lagoa. Os motivos seriam os de sempre: fixação sexual perversa, molestamento, ciúme, inveja e cobiça. Eu estava mesmo enrascado.

Segui calado. Para começar, seria preciso conseguir um advogado e um *habeas corpus*. Enquanto isso, o melhor era tentar manter a calma para enfrentar a cadeia.

1º de julho de 2008, 9:00 h.

A cela era razoavelmente limpa. E, como tenho curso superior, fiquei sozinho. Na verdade, não havia mesmo muita gente presa, pois o distrito é dos menos inseguros da cidade. Ainda assim, dormi muito mal. Meu advogado aparecera no fim da tarde anterior, mas disse que somente no dia de hoje conseguiria a liminar. Serviram-me um café com pão e manteiga, por volta das oito horas. Uma hora depois, a carceragem ficou agitada com a entrada de Jacó Filogoni. Parando na minha cela, o carcereiro abriu a porta e brincou:

– Vamos trocar de lugar, professor.

Ato contínuo, empurrou Filogoni para dentro e me mandou sair. O olhar do marchand era de total desolação. Fui levado à frente do delegado.

– O senhor está livre, professor.

– Chegou a minha liminar? Onde está o meu advogado?

– Não foi preciso. Fatos supervenientes mudaram o rumo do caso. – O delegado Puntel sorria satisfeito com a própria linguagem, reclinado na cadeira e olhando de relance os reflexos do sol na água da Pampulha. – Ontem à tarde a Polícia

Rodoviária notificou um acidente grave na BR-262, aqui perto de Belo Horizonte. Um jipe desses modernos vinha em alta velocidade, tentou ultrapassar pelo acostamento e desceu um barranco enorme. O motorista não morreu, apenas quebrou uma perna e ficou desacordado por algumas horas. Está internado no Odilon Behrens, mas passa bem.

Fiquei aliviado e quase exultante, mas evitei demonstrar. Não sabia até onde ia o conhecimento que a polícia tinha de todos os fatos. Continuei na postura da perplexidade:

– Mas o que isso tem a ver com o caso? E por que o Filogoni deu entrada aí agora? – Pelo começo da conversa já dera pra deduzir que o delegado Puntel tinha paixão pelo relato. As minhas perguntas aguçavam a sua vocação de contador de histórias.

– Calma, professor. Uma coisa de cada vez. – Como eu, os investigadores e os escrivões fizéssemos pose de platéia, Romero Puntel não se fez de rogado e assumiu a sua função. – Nesse carro estava o senhor Alceu Bemfica, funcionário de Ascânio Guedes. Enquanto o ferido era levado ao hospital, o carro foi resgatado. Nele encontraram um revolver 32 e marcas variadas de sangue no compartimento traseiro. O revólver estava registrado no nome do Ascânio Guedes. Como o motorista não teve sangramento durante o acidente, as manchas chamaram a atenção do pessoal do resgate. Amostras foram comparadas com o corpo que está no IML e comprovaram ser do sangue do industrial. A partir daí, bastou pressionar Alceu Bemfica, e ele confessou tudo. Alguns fatos obscuros foram comprovados hoje de manhã, quando a polícia prendeu no Mercado Central o marchand Jacó de Barros Filogoni, que se envolveu numa briga com o dono do restaurante Mesa Farta. Os feirantes chamaram a polícia, e aí está o negociador de arte.

— Quer dizer que Alceu matou Ascânio Guedes?

— Não. Ascânio foi morto pela mulher, dona Elisa, que agora está foragida. Alceu agiu como estripador e ocultador de cadáver. Desde o princípio, suspeitei dela, sobretudo quando tentou me convencer, em seu depoimento, de que o senhor, professor João, a estava importunando sexualmente. Uma mulher como aquela não se deixa importunar tão facilmente. — A expressão do delegado deixava claro que nunca me considerou um verdadeiro suspeito. Cheguei a ficar ofendido.

— Por que o senhor me prendeu então?

— Para fazer com que os verdadeiros suspeitos relaxassem e abrissem a guarda. Mas não foi preciso. O acidente de Alceu Bemfica precipitou a solução.

— Como assim, delegado? Está difícil de entender. — Como um bom contador de histórias, Puntel adiava a explicação para manter aceso o interesse da sua platéia.

— Na noite da festa, depois que todos saíram, Ascânio Guedes estava bêbado e tentou fazer sexo com a mulher à força. Ameaçou-a com a arma. Os dois entraram em luta corporal, e dona Elisa acabou matando o marido. Apavorada, pediu ajuda ao seu confidente, Jacó Filogoni, que havia sido o último a sair da casa e presenciara as investidas de Ascânio contra a mulher. O marchand deixara claro que, caso fosse necessário, ela ligasse para ele. E ela ligou, pedindo ajuda. Ele aceitou ajudá-la, com a promessa de que ela lhe desse de presente as dez aquarelas que estavam na pasta G. Brasiliensis. Ela aceitou. Como álibi, e uma vez que todos tinham visto que Filogoni ficara por último na festa, decidiram sair para a noite e serem vistos juntos. Era como se ela, para evitar as investidas do marido, tivesse ido dormir na casa do marchand, o que de fato aconteceu.

— E o corpo? O que aconteceu com o corpo?

— É aí que entra o Alceu. Como capacho do patrão, Bemfica tinha verdadeira fixação em Elisa Guedes. Ele era seu amante, mas ela o torturava. Levava outros amantes para casa, na ausência do marido, para que Alceu a visse fazendo sexo com eles.

Nesse ponto, Puntel olhou para mim e exibiu os seus famosos trinta e dois dentes. Fazia sentido. Naquela noite, no escritório, era Alceu quem se escondia na parede-meia da adega. Um amante voyeur, e eu tolamente pensando que fosse o marido atrás da porta. Pelo relato de Romero Puntel, Elisa tinha muitos outros amantes. Pacheco estava de todo certo sobre ela. Que pateta eu fui... O delegado seguiu com a história:

— Foi de Jacó Filogoni a idéia de pedir a Alceu que desse sumiço no corpo, para realçar o álibi de Elisa. Ele sabia que o empregado faria qualquer coisa pela mulher-fetiche.

— Mas por que ela mandou que ele estripasse o corpo, tal como um taxidermista, e depois jogasse na Lagoa? Para me incriminar?

— Professor, o senhor se considera mesmo muito importante, hem?! Acha então que os seus interesses acadêmicos forjaram a cena do crime? Não seja pretensioso. — A voz do delegado soava como a de Verinha, chamando-me de João Ninguém. — Tudo não passou de acaso e da decisão aleatória do gerente do frigorífico. Ele levou o corpo para o Bonfim, disposto a mutilá-lo antes de se livrar do presunto, para criar confusão na hora da identificação dos motivos do crime. Segundo suas próprias palavras, decidiu arrancar a pele das costas porque a conversa na festa girou em torno de taxidermia, com o doutor Gustavo

Veloso descrevendo alegremente o próprio hobby. Com sua destreza de peixeiro, diz ele, não foi difícil seguir as indicações dadas pela conversa do cirurgião. Depois de ter feito o serviço nas costas, percebeu que essa mutilação não resolvia o problema maior da bala encravada no abdômen. Alceu sabia que o exame de balística constitui peça chave na investigação de um crime. Decidiu então dar sumiço no projétil. Mas um peixeiro não é um taxidermista e muito menos um cirurgião. Ao tentar extrair a bala, abriu um rombo enorme no abdômen do cadáver. Tanto melhor, disse ele. Se estripasse o morto, ninguém saberia nem que Ascânio havia levado um tiro. Uma ação foi desencadeando a outra. Uma vez estripado o corpo, com as vísceras jogadas num balde, Alceu viu que tinha feito o mesmo que fazia com os peixes. Achou graça na situação. Com suprema ironia, pegou algumas tilápias na banca e enfiou na boca do morto, amarrando tudo por fora com um cambão de arame, para que os peixes não escorregassem goela abaixo. Daí, voltou à Pampulha e decidiu jogar o corpo e as vísceras naquele píer, simplesmente porque ali há uma escadinha que facilita a descida até a água.

Eu estava passado. Por dois dias, imaginei que o assassino, para me incriminar, teria construído um plano mirabolante, baseado nas minhas pesquisas e leituras. Mas tudo, afinal, não passou de acaso e coincidência. Não havia relação alguma de causa e efeito entre os indícios do corpo e o meu trabalho de historiador, a não ser na minha própria cabeça. Vendo meu olhar desolado, Romero Puntel tentou me consolar:

— Mas olha, professor, se serve de consolo, para que o senhor não se sinta fazendo papel de bobo, Filogoni tentou, sim, incriminá-lo. Foi ele quem colocou sob a sua porta as cópias das aquarelas.

— Como assim, delegado?

— Enquanto Alceu Bemfica fazia o serviço sujo, Filogoni levou o carro de Ascânio Guedes para a rua, quebrou-lhe o vidro, como a simular um assalto ou seqüestro, e jogou lá dentro a pasta vazia das aquarelas, já pensando em colocar cópias debaixo da sua porta para incriminá-lo. Quando entramos na sua sala e vi a sua cara branca de cera diante das aquarelas caídas, concluí logo que o senhor não teria sangue frio para aquele crime. Até ali, baseado nas minhas pesquisas — e ele enfatizava a palavra pesquisas, como a dizer que era melhor historiador do que eu, o que, dadas as circunstâncias, era mesmo verdade —, estava mais inclinado a pensar que a pasta se referisse ao alcalóide retirado da *Galianthe brasiliensis*. Mas a sua cara de espanto e a presença das aquarelas dissiparam as minhas dúvidas.

— E onde estão as aquarelas?

— Ele se recusa a dizer, mas acho que uma conversa mais detida com o dono do restaurante Mesa Farta deve esclarecer esse ponto. É uma questão de tempo. A briga entre os dois, nessa manhã, deve com certeza ter sido desencadeada por esse móvel do crime. Na manhã de domingo, a empregada dos Guedes chegou para trabalhar e viu o carro arrombado na porta. Entrou e não encontrou ninguém. Ligou para Elisa Guedes, que, fazendo-se de assustada, a fim de dar consecução ao álibi, voltou correndo para casa e chamou a polícia para dar notícia do desaparecimento do marido. Tendo o corpo sido encontrado, ela o identificou, aos prantos, diante da consternação geral dos legistas. Com certeza, trata-se de uma grande atriz. Depois de prestar depoimento, já com a presença de seu médico particular, que atestou o seu estado de choque, voltou para casa, a fim de descansar e se refazer do abalo. Ao final da tarde, segundo o relato da empregada, ela saiu, com cara de choro, dizendo que iria visitar um amigo. Levava uma maleta de mão retangular. Depois disso, não foi mais vista. Só não me conformo de não tê-la vigiado mais de perto desde o domingo. Bobeei, e ela escapou. Mas não há de ser nada. Para fora do país ela não saiu e não terá como sair. Já checamos todas as listas de embarque desde domingo, e não há indícios de Elisa Guedes. Ela está escondida por aí. Acreditamos que a maleta deve conter dinheiro, talvez dólares. A empregada disse que o Ascânio guardava muitos dólares em casa. Assim que Elisa se estabelecer e começar a gastar, vamos pegá-la.

Ah, que doce vingança!... Então não era verdade que Romero Puntel fosse esperto como queria fazer crer. Que dólares que nada! A maleta com certeza continha a coleção completa de Burkhardt. Quanto a ela ter saído do país, Puntel ficaria surpreso em saber que na segunda-feira meu telefone celular ficou toda a manhã ligado ao aeroporto de Lisboa, onde Elisa deve ter desembarcado do avião que faz a linha direta com Belo Horizonte. Exatamente na hora em que ele me interrogava, no domingo à noite, Elisa devia estar embarcando na ala internacional do aeroporto de Confins.

Nesse momento, veio à minha mente uma frase dela, dita no primeiro dia em que conversamos: "Nasci Maria Elisa Beltrão, mas detesto o 'Maria'. Desde que me casei, adotei o sobrenome do meu marido e o meu segundo nome. Me chama de Elisa". O costume das companhias aéreas de registrar no embarque apenas o primeiro e o último nome do passageiro deram a Elisa a chance de escapar. Enquanto Puntel procurava por uma Elisa Guedes nas listas de embarque, uma Maria Beltrão qualquer embarcava para

Lisboa, levando na maleta de mão um passaporte com o nome de solteira e uma fortuna de 7,5 milhões de dólares. O delegado não sabia da coleção completa, ninguém sabia da coleção, a não ser eu mesmo, que não poderia abrir a boca para não me comprometer. A essa altura, um marchand em Lisboa já teria feito a transação, preparada meses antes, e Elisa estaria longe, carregando apenas o código de uma conta numerada num banco suíço e, quem sabe, um terceiro nome que riscasse do mapa qualquer vestígio de sua pessoa.

O que mais me assombrava, entretanto, era uma outra coisa: para que tudo tivesse ocorrido como de fato ocorreu, Elisa preparara o golpe desde muito tempo. Na verdade, desde que se casou, com a imposição da separação de bens, e adotou seu nome do meio e o sobrenome do marido, já arquitetava um golpe futuro, que ainda não sabia bem qual seria ao certo, para o qual resguardou seu nome e seus documentos de solteira. Neste país da propina, obter um passaporte novo sem devolver o antigo, apresentando apenas a identidade pós-casamento, não é assim coisa tão difícil para quem tiver dinheiro e influência. Durante anos, ela esperou a oportunidade certa. Quando o momento e o objeto se apresentaram, não perdeu um segundo. Usou a todos. Jacó Filogoni e Alceu Bemfica acham até agora que ela matou acidentalmente o marido. Foi esse o estratagema que os convenceu a ajudá-la na noite do crime. Da mesma forma que representou para eles, representou também para o delegado, que pensa que ela fugiu apenas para evadir-se da punição. Elisa não matou Ascânio por acaso. Matou a sangue frio e saiu de cena calmamente. Se o acidente de Alceu não tivesse ocorrido, é bem provável que, por falta de outras opções, tudo recaísse mesmo sobre mim, e agora eu estaria lá dentro da cela pagando pelo crime de ingenuidade. Ela preparou direitinho a minha perdição. O delegado bancava o esperto, mas me prendeu porque também acreditou nas evidências semeadas por Elisa. Se Alceu não tivesse trocado os pés pelas mãos, ao desventrar o cadáver, talvez Elisa não tivesse necessidade de usar sua rota de fuga, já que eu era o pato perfeito. Ela iria assistir de cadeira à minha desgraça. Não precisou nem mesmo criar com as próprias mãos todos os elos que jogariam a culpa sobre mim. Apenas manipulou seus bonecos, e eles fizeram o que ela desejava, todos eles pensando agir por conta própria, enquanto criavam, pelo acúmulo de acasos, as evidências que me comprometiam e que pareciam nascer do meu trabalho de historiador. Quanta ingenuidade!... Quando viu, na manhã seguinte ao crime, que Alceu tinha feito uma verdadeira bagunça, capaz de colocar tudo a perder, manteve-se dentro do plano de fuga. Como prova do seu orgulho, deixou pistas pelo caminho, para que eu, sobre quem recairia a culpa, fosse o único que soubesse de tudo, sem condições de provar nada. Fui salvo pelo mais absoluto acaso.

    Deixei logo a delegacia. Não iria reclamar da arbitrariedade de minha prisão. Queria somente esquecer. O trânsito da avenida e o sol da manhã atordoavam a minha cabeça. Era como se acordasse num lugar desconhecido, depois de um sonho terrível. Fui seguindo pela beira da Lagoa. Na primeira esquina, encontrei Pacheco e Eliana, que se dirigiam à delegacia para me visitar, depois de saberem que eu estava preso. Entrei em seu carro e fomos direto para casa.

Rio de Janeiro,
23 de abril de 1866

Querida Hannah,

Faz hoje um ano que chegamos ao Brasil. Professor Agassiz e a maior parte da expedição devem chegar hoje ou amanhã da sua viagem de quase um ano ao norte do império. Aproveito estes meus poucos momentos de folga para lhe escrever, pois sei que, depois do desembarque da expedição, não terei um minuto de descanso.

Cheguei há poucos dias do interior da província de Minas Gerais. Já não lhe escrevo faz tempo, porque fiquei muito doente, tomado pela febre que assolou meus dias na selva da Lagoa Santa. Não vejo a hora de deixar este país terrível! Fiz o trabalho que me foi ordenado, mas, se pudesse, não teria ficado aqui um só minuto. Sinto-me desolado, Hannah. Aqui na capital todos dizem que isso é apenas conseqüência da solidão das selvas e que, uma vez retomada a vida na cidade, essa sensação passará. Não sei, tenho medo. Quando penso nesta solidão atroz, lembro-me da figura do doutor Lund. Quando eu estava para vir embora, veio me dizer adeus e dar recomendações. Não me entregou sequer uma carta, para que enviasse a algum ente querido seu, aqui no Rio de Janeiro ou na Europa.

O homem se entregou àquele sertão para sempre. Isolou-se do mundo, e lá fica remoendo sua tragédia pessoal, seu medo do evolucionismo e sua descrença no ser humano. A única coisa que o move é a esperança de que Deus não se deixe matar tão facilmente. Quanto a ele mesmo, vai morrer lá, cercado de matutos e bestas da selva, sem nem um amparo intelectual, espiritual ou afetivo, a não ser a devoção que aquela gente lhe tem. Logo ele, que tanto fez, cujo trabalho abriu tantas portas para tantos pesquisadores, assim como o professor ou o inglês. Que estranho esse mundo... Tive muito medo de morrer no sertão.

Soube, por mensageiros que cruzaram com o navio em que seguem o Professor Agassiz e a nossa expedição, que monsieur Burkhardt está muito doente, com a mesma febre que me atacou todos esses meses. Dizem que ele já não consegue mesmo trabalhar e deverá voltar aos Estados Unidos talvez antes de nós, que ainda temos muito trabalho a fazer com os materiais recolhidos pelos diversos grupos da expedição, materiais que foram para cá enviados ao longo dos meses. Só então poderemos rumar para casa. Tenho pena de meu amigo, que deverá morrer por causa desse país inóspito. Dele trago apenas uma lembrança, a imagem de um acará chifrudo. A outra imagem que ele me enviou, de um peixe chamado pirarara, perdi no Ribeirão da Mata. Essa pequena imagem é o que vai sobrar de meu amigo, Hannah. Mas não chore, porque eu já chorei tudo o que era necessário. Agora o que importa é viver. Em breve estarei contigo, minha amada Hannah. Reze por mim.

Com todo o meu amor,

George Sceva

05 de julho de 2008, 13 h.

— Ora viva! Saiu enfim da toca! — A voz de Pacheco soava alegre, descompromissada. Eliana estava ao seu lado. Os dois já estavam calibrados de cerveja e cachaça quando cheguei. Eu ficara uma semana recluso, sem sair de casa nem para ir à universidade, pois conseguira uma licença de sete dias. Depois de tudo o que houve, era bom rever os amigos.

— Que bom vê-lo, João! Está tudo bem? — Eliana se levantou e me deu um beijo carinhoso.

— Tudo bem. E vocês?

— Estávamos sentindo sua falta. Ainda bem que chegou. O que vai pra beber? O de sempre? — Fiz um sinal de assentimento. Zeca logo trouxe a guia e a gelada, estupenda, como sempre. O garçom estava amuado. Perguntei direto:

— E aí, Zeca, como vão as coisas por aqui?

— Mais ou menos.

A resposta dava a entender que as cicatrizes ainda não estavam fechadas, mas ninguém queria muito falar do assunto. Eu compreendia perfeitamente, pois me sentia da mesma forma. Depois daqueles dias de tensão, tranquei-me em casa e evitei falar sobre o assunto. O único movimento que fiz foi pedir a um amigo de uma agência de turismo que me conseguisse a lista dos passageiros do vôo que saiu de Confins para Lisboa no domingo, 29 de junho, às 19:00 horas. Hoje de manhã, a resposta estava no meu e-mail, e lá estava o nome de Maria Beltrão. Essa informação seria valiosa para o delegado Puntel, mas nunca pensei em fornecer-lhe. Talvez por despeito de ele fingir me considerar tão inofensivo. Talvez para guardar uma memória de Elisa, algo que só eu saiba. Talvez uma hora dessas ele se decida a comparar novamente os nomes dos passageiros e dê pelo truque. Mas o tempo passa, e o caso esclarecido tende a cair no esquecimento. De qualquer forma, quando ele der por elas, já será quase impossível encontrar aquela cachorra deliciosa.

Marcáramos o almoço no Mesa Farta porque havia uma tremenda curiosidade, da parte de nós três, em saber o que acontecera com as aquarelas. Nenhum de nós se atreveu a ir perguntar ao delegado. Com Wellerson, talvez fosse mais fácil. Ao pensar no proprietário, vi que ele entrava pelo restaurante naquele momento. Ele nos viu e nos cumprimentou, um tanto cabisbaixo, passando direto para a cozinha. Zeca veio colher o pedido do almoço. Eliana expressou o desejo que pairava sobre todos nós:

– Olha, Zeca, uma canjiquinha com costelinha, cercada por uma bela couve, seria ideal. O que vocês acham? – Caímos na gargalhada. Até o Zeca entendeu logo a mensagem: peixe hoje, não!

– Pode deixar que eu vou mandar caprichar.

Comemos distraídos, como nos melhores momentos de nossa amizade. Pacheco trouxe uma boa notícia:

— Sabe que consegui chegar ao meu algorítimo? Quem sabe, talvez a Brejaúba esteja salva... — Demos um viva à Brejaúba, ao Quinquim, ao Sumidouro e a todos esses lugares mágicos do Vale do Santo Antônio. Na hora de pagar a conta, Wellerson veio em pessoa. Sentou-se à nossa mesa e foi direto ao assunto:

— Acho que vocês querem saber o que aconteceu, não é?! E acho que vocês, como amigos da casa e testemunhas dessa história terrível, têm esse direito. — Nenhum de nós fez o menor sinal, e ele continuou falando:

— Vim agora da delegacia, onde fui visitar o Filo. — Era assim que ele chamava Jacó Filogoni. — Fizemos as pazes e vamos assumir tudo publicamente. Até mamãe já perdoou o Filo. Ele entendeu que não foi culpa minha nem da minha mãe, e ela entendeu que o acaso da sua raiva provocou tudo. Mas há males que vêm para o bem. Pelo menos serviu para que eu, ela e ele, daqui para a frente, formemos uma família.

— De que você está falando, Wellerson?

— Daquelas malditas aquarelas que desgraçaram o Filo. No domingo passado, ele almoçou aqui e trouxe, escondidas dentro de um jornal, as aquarelas que ganhou daquela bruxa, como pagamento por tê-la ajudado. Eram um troféu para ele, e eu entendo. Quando a gente quer muito uma coisa, é capaz das maiores besteiras para consegui-la.

— As aquarelas estavam dentro do jornal? — Perguntou Eliana.

— Estavam sim, mas eu não sabia. Ele apenas disse que precisava de mim. Que eu guardasse aquele jornal para ele, e que não o abrisse. Concordei. Depois, saí atrás dele para saber sobre o conteúdo. Ele me contou o que era, mas pediu que eu não o abrisse, pois seria melhor para mim. Fiquei feliz com a confiança dele. Mas, quando voltei, descobri que minha mãe tinha me visto recebendo o jornal das mãos dele. Com raiva, enquanto eu estava fora, jogou o jornal inteiro no fogo que assa as black tilas. – Olhamos uns para os outros sem acreditar no que ouvíamos. – Ao saber do que ela havia feito, fiquei louco, queria matá-la. Sabia que ele ia ficar possesso comigo. Na terça-feira pela manhã, veio aqui atrás das malditas aquarelas. Contei tudo a ele, que ficou furioso. Foi o maior barraco! A polícia veio e levou o Filo. Agora está tudo bem. No fundo, acho ótimo que o fogo tenha queimado a lembrança daquela cadela.

Oh, meu Deus! As aquarelas encontraram o destino sugerido por Thomas Barbour! O terrível é saber que, logo após os gritos de Wellerson com a mãe, apenas a nossa mesa foi servida com black tilas. Nós comemos as aquarelas no calor que tostou as nossas tilápias!... Nada poderia ter um gosto mais amargo. A grande coleção desaparecera no mercado negro de arte, e o que dela poderia vir à luz, iniciando um movimento para a sua recuperação, foi queimado pela vaidade e pela gula de uns poucos.

Saímos arrasados do restaurante. Fui direto para casa. Queria dormir, esquecer. Cheguei a ligar para Verinha e propus aceitar aquele convite que ela fizera. Talvez sexo fosse a única coisa capaz de me fazer sair da depressão em que me encontrava. Mas ela foi direta:

– João Ninguém, vê se acorda! Hoje é sábado, dia de trampo para uma garota de programa.

Fiquei em casa catatônico. Sentia-me como George Sceva no Ribeirão da Mata. Virei a tarde e o começo da noite olhando para o nada, até que o cansaço me venceu e eu adormeci.

Domingo,
06 de julho de 2008, 9:00 h.

Acordei bem disposto. Todo o mal-estar e a depressão haviam desaparecido. Dormi muito, como não dormia há tempos. O dia estava ensolarado, pedindo uma corrida na Lagoa. Desde aquele domingo, uma semana antes, eu não saía para correr. Pois seria hoje.

Tomei um belo café da manhã, alimentei meus acarás no aquário e desci para a rua. O ato de começar a correr encheu-me de alegria. Deixei a minha rua e entrei pela Avenida das Palmeiras. O ar da manhã tomava os pulmões, as pernas respondiam sem esforço. Fui descendo a avenida e apreciando a paisagem. Quando cheguei na Lagoa, um batalhão de gente já tomava a pista, todos encantados com o mesmo sol matinal que dava à cidade o seu nome singelo. Dobrei à esquerda e segui pelo meu caminho habitual. Depois de passar pelo Iate Clube e seguir até a curva do estádio de futebol, a pista faz um curva de 180° e embica na direção da igrejinha. Pescadores aos magotes ocupavam alegres as margens do lago. Hoje ia dar peixe, e dos grandes! Acelerei o meu passo, enquanto meu coração acelerava as batidas, alegre por estar vivo. Na frente da igreja, crianças vozeavam sobre bicicletas, e turistas tiravam fotos do painel de Portinari. Como por instinto, parei diante de São Francisco. Concentrei-me em sua figura de maestro, disposto a entender de vez o que dizia.

Subitamente, enquanto meu olhar se fixava no rosto ossudo, tive a impressão de que seus lábios se moviam, e uma voz em crescendo invadiu aos poucos os meus ouvidos:

– Vote em Severiano Almeida para prefeito! Severiano é o candidato da Pampulha! Fará por ela muito mais do que fez Juscelino! Vote Severiano!

Por instantes, tive dificuldade em compreender o que acontecia. Parecia-me que o santo conclamava os peixes, os pássaros e os homens a votar em Severiano Almeida. A perplexidade tornou-se ainda maior quando a voz cessou e surgiu no ar uma velha canção mineira, que parecia brotar da boca de cada figura do mural: *Como pode o peixe vivo / Viver fora da água fria...* Poderia ser assim tão miserável o sentido do enigma que tanto imaginei desvendar?

Não! Ainda bem que não! A canção sumiu na curva, levada por um carro de som, e a realidade se reconstruiu à minha frente, alheia a qualquer parábola pré-fabricada. Olhei para o santo e, para minha alegria, sua postura continuava em suspenso. O sentido de sua declaração aos peixes permanece para mim obscuro. Só os peixes o sabem. Mas enquanto os braços do santo faziam o último gesto de maestro baixando a batuta e o ar da manhã se adensava com o inebriante aroma de protetor solar, os peixes, como sempre, fugiram, abanando as nadadeiras de porcelana no assentimento mudo dos azulejos portugueses.

Qualquer livro do nosso catálogo não encontrado nas livrarias pode ser pedido por carta, fax, telefone ou pela Internet.

Rua Aimorés, 981, 8º andar – Funcionários
Belo Horizonte-MG – CEP 30140-071

Tel: (31) 3222 6819
Fax: (31) 3224 6087
Televendas (gratuito): 0800 2831322

vendas@autenticaeditora.com.br
www.autenticaeditora.com.br

Este livro foi composto com tipografia Bembo e impresso em papel Chamois Bulk 80 g. na Formato Artes Gráficas.